발달과 성장을 돕는 실천적 접근

아동 미술치료기법

박윤미 · 윤라미 공저

학지사

머리말 1

아동 미술치료기법: 발달과 성장을 돕는 실천적 접근

아동기는 정서적·인지적·사회적 발달이 급격히 이루어지는 중요한 시기이다. 이 시기의 적절한 심리적 지원은 아동의 전 생애에 걸쳐 지속적인 긍정적 변화를 이끌어 낼 수 있으며, 미술치료는 이러한 발달과 성장을 효과적으로 지원하는 치료적 접근으로 자리매김하고 있다.

미술치료는 아동이 언어적 한계를 넘어 자신의 내면을 자유롭게 표현하고 탐색할 수 있도록 돕는다. 창의적 표현과정은 심리적 긴장과 불안을 완화하는 동시에, 자기조절력과 사회적 상호작용 능력을 증진하는 데 기여한다. 또한 미술을 통한 경험은 아동이 감정을 보다 안전하고 건설적인 방식으로 수용하고 승화할 수 있도록 지원하며, 궁극적으로 전인적 발달과 자아정체감 형성에 중요한 역할을 한다.

이 책은 아동의 발달과 성장을 돕는 미술치료기법을 소개하며, 각 기법의 구체적인 적용 방법과 치료적 개입 전략을 상세히 제시한다. 이를 통해 미술치료사, 아동상담사, 교사, 사회복지사 등 현장 전문가들에게 실질적인 지침을 제공하며, 관련 전공 학생과 부모님들도 쉽게 이해하고 활용할 수 있도록 구성하였다.

각 Chapter에서는 아동의 발달과 성장을 지원하는 다양한 미술치료 접근법을 제시하며, 활동목표, 실행 방법, 치료사의 개입 전략, 이론적 지침을 포함하여 현장 적용성을 높이고자 하였다.

Chapter 1에서는 긴장 완화와 흥미 유발을 통해 아동이 내적 긴장을 해소하고 정서적 안정감을 가질 수 있도록 돕는 미술치료기법을 다룬다. 다양한 미술 매체를 자유롭게 탐색하고 안전한 환경에서의 즐거운 작업 경험을 통해 아동의 방어를 낮추고, 안정적인 치료적 관계를 형성하여 자연스러운 자기표현이 이루어지도록 한다. Chapter 2에서는 시지각 발달과 주의집중력 향상을 위한 미술치료기법을 소개한다. 시각적 탐색과 인지적 조작을 통해 아동이 시공간을 보다 정교하게 인식하고, 집중력을 높이며, 학습 및 일상생활의 수행 능력을 향상할 수 있도록 돕는다. Chapter 3에서는 아동이 자신의 감정을 탐색하고 표현할 수 있도록 지원하는 미술치료기법을 다룬다. 언어적 표현이 서툰 아동도 미술을 통해 내면의 감정을 보다 자연스럽고 명확하게 표출할 수 있으며, 이를 통해 정서적 이해와 조절 능력을 키울 수 있다.

Chapter 4에서는 감정과 행동을 조절하는 기법을 활용하여 아동이 충동적인 반응을 완화하고, 스트레스 상황에서 보다 효과적인 대처 전략을 익힐 수 있도록 지원한다. Chapter 5에서는 자아존중감을 증진하고 건강한 자아상을 형성하는 미술치료기법을 다룬다. 미술 작업을 통해 성취감을 경험하고 자신에 대한 긍정적인 인식을 키우며, 안정된 자기 개념을 형성할 수 있도록 돕는다.

Chapter 6에서는 사회적 상호작용 능력과 또래 관계 증진을 위한 미술치료기법을 소개한다. 아동이 집단 작업을 통해 타인과 협력하고 조율하는 경험을 하면서, 상호작용 과정에서 신뢰를 형성하고 사회적 기술을 익힐 수 있도록 한다. Chapter 7에서는 창의적 사고를 확장하고 유연한 사고를 촉진하는 미술치료기법을 제시한다. 다양한 매체와 기법을 활용하여 아동이 개방적으로 사고하고, 독창적으로 감정과 경험을 표현함으로써 심리적 유연성을 키울 수 있도록 돕는다.

마지막으로, Chapter 8에서는 미래에 대한 희망과 비전을 탐색하고 행복감을 증진하는 미술치료기법을 다룬다. 아동이 자신의 꿈과 목표를 상상하고 시각화하는 과정을 통해 자기 주도적인 삶을 구체적으로 계획하고, 긍정적인 태도를 함양할 수 있도록 돕는다.

이러한 구성은 아동의 기본적인 심리적 안정감을 토대로, 인지 · 정서 · 행동 발달을 균형 있게 지원하며, 자아정체성 확립과 사회성 발달, 그리고 창의적 잠재력의 실현까지 포괄하는 통합적 접근을 제시한다.

이 책에서 제시하는 미술치료기법들은 치료사의 접근 방식에 따라 유연하게 활용될 수 있으며, 아동의 특성과 치료 목표에 맞춰 조정하고 확장함으로써 깊이 있는 치료 경험을 제공할 수 있다. 이 과정에서 아동의 반응을 면밀히 살피고 창의적으로 개입하는 치료사의 역량이 중요하다.

미술치료가 효과적으로 이루어지려면 이론적 탐구와 임상적 경험이 균형 있게 축적되고 지속적으로 발전해야 한다. 아울러, 치료사는 자기성찰을 통해 접근 방식을 정교하게 다듬고, 전문성을 더욱 심화하며, 개별 아동의 요구를 세심하게 이해하는 태도를 갖추어야 한다.

　이 책에 담긴 내용이 아동의 건강한 성장을 위해 노력하시는 모든 분의 실천적 지혜를 더욱 풍요롭게 하고, 나아가 아동들의 심리적 안녕과 조화로운 발달을 지원하는 데 의미 있는 도움이 되기를 소망한다.

　끝으로, 이 책이 출간될 수 있도록 지원해 주신 학지사 김진환 사장님과 세심하게 편집해 주신 박지영 선생님께 감사를 드린다. 창의적인 과정을 함께한 윤라미 선생님에게 축하와 감사를 전하며, 늘 한결같이 응원해 준 가족들에게도 감사의 마음을 전한다.

2025년 3월
박윤미

머리말 2

내면의 캔버스: 미술을 통해 아동을 만나다

어린 시절, 미술학원의 캔버스 앞에서 나는 친구들이 자신감 넘치게 붓을 움직이는 모습을 부러운 눈으로 바라보았다. 그들은 바람에 흔들리는 나무를 섬세하게 표현했고, 그림마다 생명력이 넘쳤다. 반면, 나의 캔버스는 항상 어딘가 미완성으로 느껴졌다. 그 불완전함은 성인이 되어서도 지속되었고, 카페에서 친구와 대화를 나누며 그림을 그릴 때조차 나는 밑그림 단계에서 멈추고 망설였다. 색을 칠하면 작품이 망가질까 봐 두려웠기 때문이다. 이러한 불안과 회피는 나의 직업적 선택에도 영향을 미쳤다. 겉으로는 자신감을 보이려 노력했지만, 실제로는 내면적 불안감에 휩싸여 있었다. 그러나 미술치료와의 만남은 내 인생을 변화시켰다. 미술치료를 통해 나는 내 감정과 생각을 자유롭게 표현하는 법을 배웠고, 왜 이토록 회피하고 싶었는지, 왜 내 감정이 들쑥날쑥했는지를 깊이 이해하게 되었다. 이러한 자기인식의 힘은 나를 미술치료사로서의 길로 이끌었고, 이는 나에게 큰 도움이 되었다.

임상 현장에서 나는 아동들이 겪는 감정적 혼란과 발달 과정에서의 어려움을 직접 마주했다. 아동들이 미술을 통해 자신의 감정을 표현하고, 자신의 이야기를 그림으로 나타내는 과정을 관찰하며, 이들의 변화하는 순간들이 얼마나 강력한지 목격했다. 아동들의 눈빛과 표정, 그리고 작품 속에 담긴 감정의 변화를 보며, 미술치료의 힘을 실감하게 되었다. 미술치료는 단순히 예술활동을 넘어서, 아동들이 자신의 내면을 탐구하고 감정을 조절하는 데 도움을 주며, 사회적 상호작용 능력을 향상시킬 수 있는 중요한 통로가 되었다. 이 과정을 통해 아동은 자신의 감정을 건강하게 표현하고 이해하는 능력을 키워 정서적으로 더욱 안정된 성장을 이루게 된다.

이 책을 집필하게 된 계기는 박윤미 교수님의 제안 덕분이었다. 교수님의 세심한 조언에 힘입어, 이 책을 통해 아동들이 자신의 감정을 건강하게 표현하고, 창의적인 방법으로 문제를 해결하며, 그들만의 독특한 자아를 발견할 수 있도록 돕기 위한 아동 미술치료의 실제적인 적용 방법을 나누고자 하였다. 책 출간을 앞두고 느끼는 기쁨은 이루 말할 수 없다. 항상 응원해 주시고 학문적 성장을 적극적으로 도와주시는 박윤미 교수님께 깊이 감사드리며, 나를 지지해 주는 가족에게도 고마움을 전한다. 이 책이 미술치료에 관심 있는 다양한 독자에게 실질적인 도움을 주고, 어린 시절의 나처럼 내면의 목소리를 찾는 모든 아이에게 힘이 되기를 바란다. 또한 이 책이 그들의 여정에 조력자가 되기를 희망한다.

2025년 3월

윤라미

차례

Chapter 3 | 정서 탐색 및 표현을 위한 미술치료기법 • 117

Chapter 4 | 정서 및 행동 조절을 위한 미술치료기법 • 147

Chapter 1

긴장 이완과
흥미 유발을 위한
미술치료기법

미술치료를 통한 창조적인 조형 활동은 아동이 말로 표현하기 어려운 감정, 경험, 생각, 욕구를 다양한 미술 매체와 기법을 통해 표현하도록 돕는다. 이를 통해 아동은 내면의 부정적인 감정을 해소하고, 미술치료사와의 상호작용을 통해 무조건적인 수용과 격려, 지지를 경험한다.

이 챕터에서는 시각, 청각, 후각, 미각 등 다양한 감각을 자극하는 미술치료기법을 소개한다. 이러한 기법은 아동의 신체 이완과 긴장 완화를 도우며, 감정을 인식하고 표현하는 능력을 향상시킨다. 또한 놀이적인 요소를 통합하여 아동의 흥미를 유발하고 잠재된 창의성을 활성화하는 데 중점을 둔다.

01

회화　조소　공예　판화　디자인　놀이　STEAM

내 마음이 번져요
(젖은 그림 그리기)

　수채화 물감은 통제가 낮은 습식 매체로 느낌, 감정 등을 즉흥적·직관적으로 표현하는 데 용이하다. 다양한 색의 수채화 물감을 활용한 번짐, 겹침, 흘림 등의 확산적 놀이를 통해 새롭고 즐거운 자극을 경험해 보자. 미술의 놀이적 접근은 자연스럽게 아동의 긴장을 이완시키며 감정을 정화한다. 또한 뇌의 전반적인 발달과 창의력 증진에 효과적이다.

대상 및 소요시간

대상: 만 3~4세 이상, 개인 및 집단

소요시간: 30~40분

목표

긴장 이완, 흥미 유발, 감정 표현 및 정화

준비물

다양한 크기의 화지 또는 비닐, 수채화 물감, 붓, 분무기, 빨대

방법

▼ 들어가기

① 자연의 소리나 좋아하는 음악을 들으며 가볍게 호흡하고 긴장을 이완한다.

② 물감의 다양한 색을 관찰하고 혼합하며 재료와 활동에 대한 흥미를 높인다.

▼ 활동하기

① 종이를 물에 적신 후 그 위에 물감을 떨어뜨리거나 뿌리며 물감이 퍼지는 모양을 관찰한다. 작품 a

② 젖은 종이 위에 물감으로 자유롭게 원하는 그림을 그린다.

③ 활동영역을 넓혀 진행할 수도 있다. 치료실 벽면이나 바닥에 전지 크기 이상의 비닐을 붙이고 분무기를 활용해 물감을 뿌려 표현한다. 작품 b

▼ 나누기

① 작품의 제목은 무엇인가요?

② 물감을 떨어뜨리거나 뿌려진 혹은 퍼지는 모양을 보며 연상되는 사물이나 장면이 있나요?

③ '내 마음이 번져요' 활동과정에서 떠오른 생각과 느낌은 무엇인가요?

④ '내 마음이 번져요' 활동 전과 후의 기분의 변화가 있나요?

⑤ 작품의 어떤 부분이 마음에 드나요?

현장에서의 적용

• 아동이 긴장을 이완하고 미술활동을 즐길 수 있도록 편안하고 자유로운 환경과 분위기를 만든다. 치료실을 둘러보며 미술 매체나 놀잇감을 소개하는 것도 아동의 저항을 줄이는 좋은 방법이다.

• 아동이 감각 자극 및 정서적 출현을 통해 긴장 및 에너지를 방출할 수 있도록 돕는다.

• 우연의 효과로 나타난 이미지를 보며 아동이 어떤 생각과 느낌을 갖는지 살피며, 아동의 연상 작업을 공감하고 격려한다.

• 활동의 난이도를 점진적으로 높여 본다(ex. 빨대로 물감 불기, 비 오는 날 무지개 만들기 등).

참고하세요!

• 습식 매체는 통제력이 낮아 긴장과 불안을 이완시키는 데 효과적이다. 다만 자기통제감이나 수용력이 낮은 아동에게는 불안을 가중시키는 매체가 될 수 있으므로 아동의 성향과 특성을 살펴 적용하도록 한다.
• 위축되고 소극적이거나 긴장도가 높은 아동에게 너무 큰 화지를 제공하면 심리적 부담감을 느낄 수 있다. 작은 화지부터 점진적으로 크기를 늘려 가며 아동이 자기조절과 유능감을 경험할 수 있도록 한다.

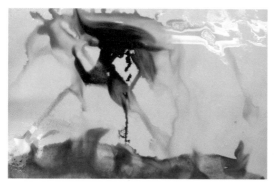 

작품 a. 젖은 종이 위에 물감 떨어뜨리기, 물감 뿌리기 → 물감의 움직임과 퍼짐 관찰하기

 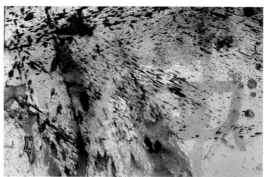

작품 b. 분무기로 물감을 뿌리며 감정 발산하기

02

| 회화 | 조소 | 공예 | 판화 | 디자인 | 놀이 | STEAM |

미끌미끌 핑거페인팅

지점토는 보통 조소에 사용되나 물에 섞어 페인팅 재료로도 활용할 수 있다. 지점토를 물에 녹이며 부드러운 촉감을 느끼고 물에 갠 지점토에 다양한 색상의 물감을 섞으며 지점토 물감을 만들어 보자. 근육의 긴장을 자연스럽게 이완시켜 심리적 안정감을 얻을 수 있고 흥미 유발에도 효과적이다.

점토는 만지는 대로 변화 가능한 가소성이 있어 아동이 손쉽게 접근할 수 있는 재료이며, 감각적 자극을 통한 신체 활성화로 내·외적 에너지의 상호작용을 이끌어 낼 수 있다.

대상 및 소요시간

대상: 만 3~4세 이상, 개인 및 집단
소요시간: 30~40분

목표

긴장 이완, 흥미 유발, 감정 표현, 스트레스 해소

준비물

비닐, 다양한 크기의 화지, 지점토, 수채화 물감, 쟁반, 주전자, 미온수

방법

▼ 들어가기

① 지점토를 다양한 방식(ex. 주무르기, 꾹꾹 누르기, 툭툭 두드리기 등)으로 탐색한 후, 지점토에 물을 조금씩 부어 가며 지점토의 질감 변화를 느껴 본다.
② 지점토를 물에 녹이며 손을 자연스럽게 마사지하고 경직된 근육을 이완시킨다.

▼ 활동하기

① 지점토 덩어리를 물에 충분히 갠 후, 마음에 드는 색상의 물감을 한 방울씩 떨어뜨려 본다.
② ①에서 만든 지점토 물감을 화지 위에 손가락이나 손바닥으로 찍거나, 원하는 것을 그린다. 8절지, 4절지, 전지 등 다양한 크기의 화지에 표현해 본다.

▼ 나누기

① 지점토를 주무르고, 누르고, 두드릴 때 감촉은 어떤 느낌인가요?
② 물에 녹기 전과 후의 지점토의 감촉은 어떤 차이가 있나요?
③ 물에 개인 지점토에 물감을 떨어뜨려 색이 번질 때 어떤 느낌이 들었나요?
④ 작업 전과 후의 감정 변화가 있다면, 어떤 변화인가요?
⑤ 완성된 작품을 보며 떠오르는 생각이나 감정은 무엇인가요?

현장에서의 적용

- 지점토의 질감을 탐색하며 느껴지는 감각을 언어화해 본다(ex. 촉촉, 미끌미끌, 매끈매끈 등).
- 지점토에 물감을 떨어뜨려 색이 번지는 모습을 가만히 관찰하도록 격려한다.
- 작업과정에서의 감정을 언어화해 본다(ex. 편안한, 차분한, 긴장이 풀린, 기분 좋은, 재미있는 등).
- 감각과 감정을 언어로 표현하기 어려워하거나 작업에 소극적인 태도를 보이는 경우 치료사가 창작과정을 함께 진행하며 반응을 유도한다(ex. 세션 내내 반응이 없거나 "몰라요."로만 대답하는 아동).

참고하세요!

- 방부제 같은 유해한 첨가물이나 독성이 없는 점토를 준비한다.
- 예민하거나 불안이 높은 아동은 점토가 손에 묻는 것을 꺼려 할 수 있다. 점토 성분이 안전하다는 것을 설명하고 일회용 장갑을 준비하거나 활동 중에도 손을 씻을 수 있다는 것을 안내하여 불편감을 감소시켜 준다.
- 지점토를 갤 때 미온수를 사용하면 근육이 이완되며 혈액 순환을 돕기 때문에 정서적 안정감을 느끼는 데 효과적이다.
- 흰색이나 연한 색의 물감은 표현 결과를 시각적으로 확인하기 어려우므로, 어린 아동일 경우 선명한 색의 물감을 사용해 표현의 결과물을 확인하고 성취감을 느낄 수 있도록 한다.

03

반짝반짝 소금 그림

소금은 오돌토돌 까끌까끌한 감촉이지만 물에 사르르 녹아 부드러운 질감으로 변한다. 이러한 특징은 촉각, 시각, 미각, 청각에 이르는 다양한 감각 경험에 활용될 수 있으며, 과학적 원리에 대한 관심과 흥미를 높이는 융합교육에도 효과적으로 적용될 수 있다.

대상 및 소요시간

대상: 만 4세 이상, 개인 및 집단
소요시간: 30~40분

목표

긴장 이완, 흥미 유발, 다양한 감각 자극 및 융합, 감정 표현 및 발산

준비물

소금, 화지(흰색, 검정색), 물감, 붓, 크레파스, 목공풀, 비닐

방법

▼ 들어가기

① 소금을 만져서 질감을 느끼거나, 비벼서 소리를 듣거나, 맛을 보는 등 다양한 감각으로 탐색한다.

② 소금 더미에 물과 물감을 한 방울씩 떨어트린다. 물감이 녹으며 번지는 모습을 바라보며 긴장을 이완한다. 활동 a

▼ 활동하기

• 굵은 소금

① 검은 도화지 위에 목공풀로 그림을 그린 후, 소금 입자를 붙인다.

② 소금 입자에 물감을 발라 물들인 후, 여백의 공간은 크레파스 등으로 그려 완성한다.

• 꽃소금

① 넓은 백붓을 이용해 도화지에 물을 묻힌다.

② 물이 가득 머금은 종이 위에 수채화 물감을 사용하여 원하는 그림을 그린다.

③ 그림 위에 꽃소금을 골고루 뿌린다.

④ 그림이 마르면서 나타난 소금꽃 결정과 어우러진 나의 작품을 감상한다.

▼ 나누기

① 소금을 손끝으로 만지고, 직접 맛보고, 부딪혀 소리를 들어 볼 때 어떤 느낌이 들었나요?

② 소금 알갱이에 물감 색이 물들 때, 소금 더미에 물감이 녹아 번질 때의 기분은 어땠나요?

③ 완성된 작품을 보며 떠오르는 생각이나 감정은 무엇인가요?

현장에서의 적용

• 소금의 질감을 느끼고, 소리를 듣고, 맛을 보는 등의 활동을 통해 촉각, 청각, 미각 등 각각의 감각 영역을 탐색한다.

• 맛이나 질감을 그림으로 표현하는 등 여러 가지 감각을 연계하는 활동으로 확장해 볼 수

있다. 이러한 공감각적 경험을 통해 뇌의 물리적·기능적 변화로부터 뇌가 활성화되는 신경가소성을 향상시킬 수 있다.

참고하세요!

- 굵은 소금은 색을 섞기가 용이하며, 중간 크기의 꽃소금 등은 뿌리기, 붙이기, 물들이기 등 다양한 기법으로 적용하기에 적합하다.
- 젖은 그림 위에 소금을 뿌렸을 때 소금이 번지며 독특한 무늬가 생성되는 것은 농도가 더 진한 쪽으로 물이 번지는 삼투 현상에 의한 것이다.
- 호기심이 많거나 자아가 강한 아동은 매체 탐색 이후에도 소금을 계속해서 먹거나 재료를 과도하게 사용하려 시도할 수 있다. 치료사는 소금을 주의 깊게 관리하고 사용 횟수 및 양을 제한하여 아동이 자제력을 배우고 수용 및 거절에 대한 경험을 할 수 있도록 지원한다.
- 소금을 이용한 그림 그리기는 아동의 감각 경험을 확장시키고 뇌의 활성화를 촉진하는 데 유용한 활동이다. 이 과정에서는 아동의 개별적 성향과 상황을 고려하여 소금의 사용 범위와 방법을 조절하는 것이 중요하다(ex. 위축되거나 타인과의 경계가 명확한 아동의 경우, 유연성을 향상시키기 위해 작업 공간을 점차 확대하는 접근이 도움이 된다. 반면에 자극에 민감하거나 외현적으로 행동을 조절하기 어려운 아동은 쟁반 등을 활용해 활동 범위를 작은 공간으로 제한함으로써 감각 자극을 조절할 수 있다).

활동 a. 소금 더미에 물감을 떨어뜨리고 섞으면서 긴장 이완하기

04

내 마음의 마블링
(쉐이빙폼 그림 그리기)

쉐이빙폼은 공감각 경험을 제공하는 재료이다. 부드럽고 포근한 감촉과 함께 향기로운 냄새가 나며 사용 시 하얀색 거품이 생기는 것이 특징이다. 이러한 시각적·촉각적·후각적 자극은 아동의 긴장을 이완시키고 심리적 안정감을 주는 데 효과적이다.

또한 쉐이빙폼을 사용하여 형태를 만들고 변형하면서 놀이를 즐기는 경험은 운동기능과 감각을 담당하는 신경계를 활성화하는 데 도움이 된다.

대상 및 소요시간

대상: 만 4세 이상, 개인 및 집단
소요시간: 30~40분

목표

긴장 이완, 흥미 유발, 감정 발산 및 정화, 스트레스 해소

준비물

비닐, 쉐이빙폼, 수채화 물감, 스팽글·폼폼이·단추 등 꾸미기 재료

방법

▼ 들어가기

① 쉐이빙폼을 원하는 양만큼 손 안에 담아 촉각, 후각, 청각 등 다양한 감각을 활용해 매체를 탐색하며 흥미를 유발한다.
② 작은 동작부터 큰 동작까지, 느린 동작에서 빠른 동작까지, 그리고 힘의 강도를 조절하며 신체근육을 이완시킨다.

▼ 활동하기

① 비닐 위에 쉐이빙폼을 펴서 원하는 모양대로 자유롭게 표현한다. 작품 a
② 마음에 드는 색상의 물감을 쉐이빙폼과 섞어 색의 변화를 관찰하고 그때 느껴지는 감정들을 비닐 위에 자유롭게 그려 본다.
③ 색 쉐이빙폼에 작은 입자의 꾸미기 재료들도 섞어 표현해 본다. 작품 b
④ 비닐을 공중에 들어 올려 불빛에 비친 작품의 뒷면을 감상한다. 작품 c

▼ 나누기

① 쉐이폼은 어떤 냄새가 나나요? 만지면 어떤 느낌이 드나요? 만질 때 어떤 소리가 들리나요?
② 쉐이빙폼에 물감을 섞을 때 떠오른 생각과 감정은 무엇인가요?
③ 쉐이빙폼으로 그린 그림을 보며 어떤 생각이나 감정이 떠오르나요?
④ 쉐이빙폼 그림의 뒷면을 불빛에 비춰 감상하며 어떤 느낌이 드나요?
⑤ 활동 전과 후의 기분의 변화가 있나요? 어떤 변화인가요?
⑥ 작품의 제목은 무엇인가요?

현장에서의 적용

• 쉐이빙폼을 탐색하며 경험한 감각과 느낌을 언어화해 본다(ex. 부드러움, 폭신함, 사각사각, 포근함 등)
• 아동이 그림에 담은 감정과 욕구를 함께 생각하며 이야기를 나누고 표현할 수 있도록 격려

한다.
- 초등학교 고학년 아동은 쉐이빙폼으로 만든 무늬에서 발견한 이미지를 사용하여 감정을 표현하고, 이를 바탕으로 상징적인 이야기를 만드는 스토리텔링 활동으로 확장해 본다.

참고하세요!

- 아동에게 강한 향은 불쾌감을 일으킬 수 있으므로 심리적 안정을 위해 자극이 적은 향을 선택하는 것이 좋다. 또한 향기의 농도와 종류가 브랜드별로 다르기 때문에 아동의 선호를 고려하여 선택해야 한다.
- 작은 입자 재료는 아동들이 손가락 감각과 소근육을 활용해 표현하는 데 유용하다. 그러나 반짝이 가루와 같은 미세 입자는 아동이 제어하기 어려울 수 있고, 이로 인해 아동이 불안감을 느낄 수 있으므로, 아동의 반응을 고려하여 접근하도록 한다.

작품 a. 쉐이빙폼에 물감을 섞고 뭉치거나 펼치면서 자유롭게 매체 탐색하기

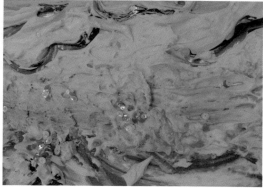

작품 b. 꾸미기 재료를 활용해 나의 마음 표현하기

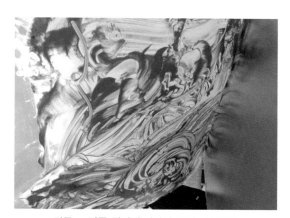

작품 c. 작품 뒷면에 나타난 무늬 감상하기

05

| 회화 | 조소 | 공예 | 판화 | 디자인 | 놀이 | STEAM |

탱탱 쫀쫀 젤리 몬스터
(슬라임 만들기)

슬라임은 물풀과 같은 점액질 성분을 사용하여 만들어지며, 액체와 고체 중간 정도의 점도를 가지고 있어서 원하는 대로 뭉치거나 늘리며 다양한 모양을 만들 수 있다. 이러한 특성으로 인해 슬라임은 매체 자체만으로도 관심과 흥미를 자극한다.

슬라임 놀이는 시각(다양한 색감), 청각(매체들이 부딪히는 소리), 촉각(만지고 섞으며 느끼는 질감), 후각(다채로운 향기) 등 다채로운 감각 경험을 제공한다. 다양한 감각 경험을 통해 슬라임 놀이는 긴장을 완화시키고 감정을 정화하는 데 효과적이다.

대상 및 소요시간

대상: 만 4세 이상, 개인 및 집단
소요시간: 30~40분

목표

긴장 이완, 흥미 유발, 다양한 감각 자극 및 융합, 감정 표현 및 정화

준비물

보관용 용기, 반죽 그릇, 물풀, 베이킹 소다, 렌즈 세척액, 미온수, 숟가락, 식용 색소 또는 물

감, 글리터, 비즈, 원하는 향기(바디로션 또는 아로마 향 등)

방법

▼ 들어가기

① 준비된 향기 재료와 꾸미기 재료들을 후각, 촉각, 청각, 시각 등 다양한 감각을 활용해 탐색한다.
② 물풀에 적정한 비율로 렌즈 세척액, 베이킹 소다, 물 등을 섞어서 점성이 생길 때까지 뒤섞은 후, 손으로 끊어서 원하는 탄력의 슬라임을 만든다.

▼ 활동하기

① 슬라임 베이스에 식용 색소 혹은 물감을 소량 섞어 자유롭게 늘리거나 바람풍선을 만들어 본다. 이를 통해 시각적·촉각적 자극을 경험한다.
② 슬라임 베이스에 다양한 재료들(ex. 비즈, 폼알갱이, 바디로션, 아로마 향 등)을 섞으며 색상, 향기, 촉감 등의 자극을 통해 정서적 이완과 조절의 과정을 경험한다. 작품 a
③ 슬라임으로 떠오르는 생각과 기분 등을 작품으로 제작한다. 보관이 필요한 경우 용기에 담아 보관한다. 작품 b

▼ 나누기

① 작품의 제목은 무엇인가요?
② 슬라임을 만지면서 향기를 맡고, 소리를 들으면서 어떤 생각과 느낌이 들었나요?
③ 완성된 작품을 보면서 어떤 느낌이 드나요?

현장에서의 적용

• 슬라임을 탐색하는 과정에서 소리, 향기, 촉감 등의 감각을 하나씩 집중하며 경험할 수 있도록 안내하여 아동의 긴장 이완을 돕고 흥미를 유발한다.
• 아동이 슬라임을 만들 때 선택한 재료나 작품의 형태, 색상, 주제 등을 살피면서 아동의 숨

겨진 관심과 욕구를 파악한다.

• 슬라임 놀이를 할 때는 아동의 창의성과 상상력을 자유롭게 발휘할 수 있도록 자유로운 분위기를 조성하고, 즐길 수 있도록 격려한다.

• 아동이 슬라임을 다룰 때 나타나는 행동 패턴, 선호하는 질감, 혼합 매체 선택을 관찰하여 아동의 핵심 감정과 이슈를 파악하고, 향후 개입 전략을 계획한다(ex. 재료를 매뉴얼에 따라 사용하는지, 즉흥적으로 시도하는지, 치료사의 수용이나 거부에 어떻게 반응하는지 등).

참고하세요!

• 슬라임을 만들 때 붕사(borax) 대신 렌즈 세척액을 사용하는 것이 안전하다. 또한 방부제 성분이나 위험성이 있는 물질을 사용하지 않고, 보관 기간을 2주 이내로 제한하는 것이 좋다.

• 슬라임과 오랫동안 접촉하면 손이 건조해질 수 있으므로, 슬라임 놀이 시간은 1시간 이내로 제한하는 것이 좋다. 예민한 피부나 피부질환이 있는 아동은 얇은 보호 장갑을 사용할 수 있다.

• 쉐이빙폼이나 천사점토와 혼합하여 색다른 질감의 슬라임을 만들 수 있다.

작품 a. 좋아하는 색상, 질감, 향기를 가진 재료를 혼합하며 정서적 이완과 조절 경험하기

작품 b. **나만의 슬라임 작품 만들기**

작품 c. **슬라임 글러브, 하트, 생크림 토핑/M/12**

평소 가정에서 반항적이고 의존적인 태도를 보여 미술치료를 받게 된 초등학교 5학년 남학생이 제작한 작품이다. 세션 초반부터 "망했어요. 망한 거 같아요."라며 새로운 작업에 직면하는 것을 두려워하고 회피하는 모습을 보였으나, 미술치료사와 함께 다양한 재료로 슬라임을 만들고 감각 이완 및 조절을 경험하며 점차 활동에 몰입하였다. 첫 번째 작품인 슬라임 글러브를 끼고 반대쪽 손을 툭툭 치며, "너무 좋은데? 아주 마음에 들어. 진짜 기분 좋아요!"라고 말하기도 하고 두 번째 작품인 좋아하는 물감을 섞어 만든 하트를 치료사에게 선물하는 모습도 보였다.

06

| 회화 | 조소 | 공예 | 판화 | 디자인 | 놀이 | STEAM |

마블링 아트

마블링은 유성 물감을 물 위에 떨어뜨려 저으면서 무늬를 만들고, 그 위에 종이를 얹어 찍어내는 기법이다. 유성 물감은 물에 섞이지 않고 응집력이 강해 화지 위에 선명한 작품을 만들 수 있다.

특별한 기술 없이 막대로 휘저어 무늬를 만들 수 있어서 미술에 대한 부담을 줄일 수 있으며, 색이 서서히 퍼지고 섞이는 것을 차분히 관찰하며 긴장을 이완할 수 있다. 또한 작업할 때마다 다른 패턴의 무늬가 생성되어 아동의 흥미를 끌어낼 수 있다.

대상 및 소요시간

대상: 만 5세 이상, 개인 및 집단

소요시간: 30~40분

목표

긴장 이완, 흥미 유발, 감정 표현 및 정화

준비물

화지, 마블링 물감, 큰 사각 플라스틱 통, 나무 막대

방법

▼ 들어가기

① 다양한 마블링 아트를 감상하며 느낌을 나눈다.

② 물 위에 마블링 물감을 떨어뜨리고, 막대로 저어 무늬를 만든 후, 무늬를 종이로 찍어 내는 모델링을 통해 아동의 창의성과 흥미를 자극하며, 매체와 표현기법에 대한 이해를 돕는다.

▼ 활동하기

① 좋아하는 색상의 마블링 물감을 선택해 물 위에 떨어뜨리고 서서히 퍼지는 모습을 관찰한다. 나무 막대로 원하는 대로 물감을 천천히 휘저은 후, 화지를 덮어 찍어 낸다. 작품 a

② 다양한 색상의 마블링 물감을 물 위에 떨어뜨리고 ①의 과정을 반복하며 원하는 만큼 작품을 찍어 낸다. 작품 b

③ 전사한 작품을 충분히 건조시킨 후, 채색 재료나 장식 재료를 사용하여 작품을 꾸미고 완성한다.

▼ 나누기

① 마블링 물감을 막대로 저어 움직이고 섞이는 색의 변화를 보면서 어떤 느낌이 드나요?

② 우연의 효과로 나타난 무늬와 질감을 보며 무엇이 연상되나요?

③ 작업 전과 후에 감정의 변화가 있다면 어떤 변화인가요?

현장에서의 적용

• 본 활동 전, 다양한 마블링 아트 작품을 보며 아동들이 참여 동기를 높일 수 있도록 한다.

• 마블링 작품을 감상하며 떠오르는 생각이나 느낌을 소재로 문장이나 이야기를 만들어 보자. 아동의 상징적 자기표현을 촉진할 수 있다.

참고하세요!

- 에브루(Ebru)나 팝아트 작가 케니 샤프(Kenny Scharf)의 작품 등을 활용하여 작품 감상 활동을 진행할 수 있다. 아동은 작품에서 발견한 색이나 점, 선, 면, 형 등의 조형적 요소를 자신의 느낌, 감정, 기분 등과 연결하여 말, 글 또는 그림으로 표현할 수 있다.
- 먹을 이용한 마블링 작업도 가능하다. 이때 번짐이 적은 화지를 사용하는 것이 좋다.
- 마블링 물감 대신 아크릴 물감과 물풀을 혼합하면 마블링과 유사한 플루이드 아트(fluid art)를 시도할 수 있다. 원하는 물감을 종이컵에 층층이 붓거나 캔버스 위에 직접 물감을 섞는 방식으로 쉽게 접근할 수 있다.
- 마블링 물감은 특유의 냄새가 있으므로 작업 공간의 환기에 주의해야 한다.

작품 a. 마블링 물감이 물 위에 퍼지는 모습을 관찰하며 긴장 이완하기

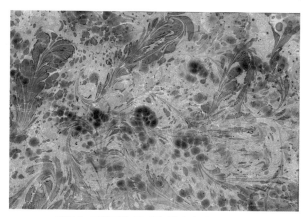

작품 b. 다채로운 무늬와 색감의 마블링 아트

작품 c. 터키쉬 마블링 에브루 아트 ©Ji-elle

07

| 회화 | 조소 | 공예 | 판화 | 디자인 | 놀이 | STEAM |

내 마음을 구르는 구슬

구슬이 지나가는 자리에 오색 선들이 그림으로 그려지며, 구슬의 움직임은 작품으로 완성된다.

지면의 기울기나 구슬을 굴리는 방향, 구슬의 형태 등을 변화시켜 가며 자유롭게 놀이할 수 있어 창조적인 표현을 할 수 있다. 이를 통해 아동들은 상상력과 창의성을 키우며, 즐거운 놀이로 발달을 촉진할 수 있다.

대상 및 소요시간

대상: 만 3~4세 이상, 개인 및 집단
소요시간: 40~50분

목표

긴장 완화, 흥미 유발, 창의력 증진

준비물

화지, 종이상자, 다양한 크기와 무게의 구슬, 물감, 접시

방법

▼ 들어가기

① 구슬을 하나씩 선택하여 원하는 색상의 물감을 묻혀 화지 위에 굴려 본다.

② 화지를 기울여 구슬이 움직이는 방향을 조절하고, 구슬의 크기나 모양을 바꿔 가며 다양한 그림을 만든다.

▼ 활동하기

① 구슬에 원하는 색상의 물감을 묻혀 화지가 깔린 박스에 넣어 자유롭게 굴려 본다.

② 각각의 구슬에 다양한 색의 물감을 묻혀, 굴려 보고 지나가며 생긴 선들의 굵기, 진하기, 그리고 경로를 자세히 관찰하여 창의적인 작품을 만든다. 작품 a

③ 구슬 그어 그리기, 구슬 찍어 표현하기 등 다양한 방법으로 원하는 그림을 그려 본다. 작품 b

▼ 나누기

① 구슬이 굴러 가며 다양한 색의 선들이 그려질 때 기분은 어땠나요?

② 구슬로 표현한 다양한 그림 중에서 어떤 작품이 특히 마음에 드나요? 그 작품의 어떤 부분이 만족스럽게 느껴지나요?

③ 구슬 그림을 보고 떠오르는 경험이 있나요? 무엇인가요?

현장에서의 적용

• 아동의 참여를 존중하며 놀이를 통해 아동이 스스로 탐구하고 발견할 수 있도록 유도한다.

• 놀이를 통해 드러나는 아동의 생각과 감정에 주목하며, 이를 기반으로 함께 대화하고 나누어 본다.

• 아동이 선호하는 색상이나 형태 등을 파악하여 놀이나 활동에서 이를 활용할 수 있도록 돕는다.

• 구슬그림에서 발견된 이미지와 아동의 경험을 연결해 이야기를 나누며, 아동이 이를 통해 자신의 경험을 표현하고 자아를 발전시킬 수 있도록 돕는다.

참고하세요!

- 구슬이 굴러 가는 자리에 선이 선명하게 나타날 수 있도록 구슬을 선택할 때는 적당한 무게감을 가진 유리구슬이나 쇠구슬 등을 고르는 것이 좋다.
- 종이상자에 빨대나 수수깡을 활용해 미로를 만들거나, 박스에 구멍을 뚫은 후, 구슬이 빠져 나가는 게임을 진행할 수 있다. 이런 놀이를 통해 아이들은 미로 탐험과 구슬의 움직임을 경험하며 놀이에 즐거움을 느낄 수 있다.

작품 a. 자유롭다/F/7
여러 색상의 구슬을 동시에 굴려 표현하기

작품 b. 달에 소원 빌기/F/7
구슬을 찍거나 그어 심상 표현하기

08

| 회화 | 조소 | 공예 | 판화 | 디자인 | 놀이 | STEAM |

몰랑몰랑 천사점토

점토는 가소성이 뛰어나 원하는 형태를 쉽게 만들 수 있으며 점성이 높아 심리를 촉진하고 통제하는 역할을 할 수 있다. 특히 천사점토는 하얗고 가벼우며 푹신푹신한 질감으로 인해 심리적 이완과 유연성 증진에 유용하다. 또한 손에 묻지 않고 하얀 색이어서 손이 더러워지는 것을 꺼리는 아동들도 쉽게 사용할 수 있다. 색을 혼합할 수 있어 아동의 감각을 자극하고 감정을 표현하는 데도 효과적이다.

대상 및 소요시간

대상: 만 3~4세 이상, 개인 및 집단

소요시간: 40~50분

목표

긴장 이완, 정서 안정, 흥미 유발, 스트레스 완화

준비물

화지, 천사점토, 점토도구, 사인펜, 물감, 파스넷

방법

▼ 들어가기

① 천사점토를 눌러 보고 뭉치고 길게 늘어뜨려 보며 부드럽고 촉촉한 감촉을 충분히 느끼고 탐색한다.

② 천사점토를 만지고 탐색하며 느낀 점을 나눈다.

▼ 활동하기

① 천사점토를 이용해 원하는 모양을 자유롭게 만든다.

② 천사점토를 이용해 오늘의 기분을 원하는 모양과 색상으로 표현한다. 작품 a

③ 만든 작품을 화지의 원하는 위치에 배치하고 파스넷 등 드로잉 재료를 활용해 바탕을 꾸민다. 작품 b

▼ 나누기

① 천사점토를 만질 때 어떤 느낌이 들었나요?

② 천사점토를 만질 때 어떤 감정이 들었나요? 이 감정을 가장 많이 느끼는 장소나 사람이 있나요?

③ 작품의 제목은 무엇인가요?

④ 활동 전과 후 기분의 변화가 있나요? 있다면 어떤 변화인가요?

현장에서의 적용

- 천사점토의 부드러운 감촉을 충분히 탐색하고 이 과정에서 표현하는 언어적·비언어적 요소를 공감하여 긴장을 이완시킬 수 있도록 돕는다. 점토놀이는 특히 긴장되어 있거나 불안이 높고 방어가 심한 아동의 치료적 촉진에 효과적이다.

- 활동과정 중 기술적 문제로 인해 좌절하거나 회피하는 반응이 나타날 경우, 해당 아동의 문제가 발달적 측면인지 심리적 측면인지 파악할 필요가 있다(ex. 소근육 발달지연, 습관성 의존 등).

• 아동의 컨디션에 따라 활동을 가볍게 또는 깊이 있게 접근할 수 있다. 아동의 정서적 변화를 주의 깊게 관찰하며 적절하게 대처하고 공감하도록 한다. 점토로 만든 시각적 표현물을 언어적으로 표현하는 것도 수용과 공감의 방법이다.

참고하세요!

• 색점토를 만들 때 색상이 기대보다 연하게 나오면 아동들의 흥미나 만족감이 저하될 수 있다. 이를 방지하기 위해 점토를 작은 조각으로 나눈 후, 적절한 양의 물감이나 사인펜을 사용하도록 준비한다.

• 천사점토는 오랜 시간 동안 공기 중에 노출되면 수분이 증발하여 건조해질 수 있다. 이를 방지하기 위해 밀폐 가능한 용기에 보관하고, 필요시 물을 조금 뿌려 반죽하면 재사용이 가능하다.

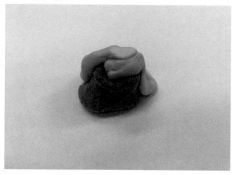 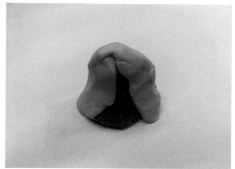

작품 a. 화산 폭발/M/8

아동은 누나와의 다툼으로 화난 감정을 안고 치료실에 입실했다. 어둡고 진한 색의 점토를 만들기 위해 오랜 시간을 공들였고, 용암이 넘치는 화산을 상상하며 작품을 완성했다. 작품에 '화산 폭발'이라는 제목을 붙였고 자신의 감정이 잘 표현되었다며 작품을 마음에 들어 하였다. 이후에도 속상하거나 화가 나는 상황이 생기면 마음을 점토로 표현해 보는 것을 권유했다.

작품 b. 내가 좋아하는 것들/F/7

아동은 "감촉이 부드럽고 좋아요."라며 천사점토를 만지고 주무르는 과정을 즐거워하였다. 자신이 평소에 좋아하는 아이스크림, 눈사람, 자장면과 자신을 만든 후, 화지 위에 배치했고 소녀가 나들이 가는 장면이라 설명했다. 작품 속에 표현된 내용 외에도 자신이 좋아하는 것, 바라는 것 등에 관해 많은 이야기를 하였다.

09

| 회화 | 조소 | 공예 | 판화 | 디자인 | 놀이 | STEAM |

꽃처럼 번지다
(수성펜으로 화선지 물들이기)

화선지는 수성 재료와 친화성이 좋다. 화선지에 수성펜으로 그림을 그리고 물을 묻히면 색이 부드럽게 번지며 흥미로운 표현을 할 수 있다. 색 번짐 효과는 긴장을 이완시키면서 예상치 못한 우연적 효과를 유발하여 흥미를 끌어낼 수 있다.

대상 및 소요시간

대상: 만 4세 이상, 개인
소요시간: 20~30분

목표

긴장 이완, 흥미 유발, 정서 안정

준비물

화선지, 화지, 수성펜, 붓, 물통, 접착제, 반짝이 스티커 등

방법

▼ 들어가기

① 음악(ex. 자연의 소리 등)을 감상하거나, 향(ex. 허브 향 등)을 맡으며 긴장을 이완한다.

② 오늘의 감정과 기분에 대해 이야기 나눈다.

▼ 활동하기

① 화선지에 원하는 색상의 수성펜으로 자유롭게 그림을 그린다.

② 그림에 붓으로 물을 묻혀 색이 번지는 효과를 확인한다. 작품 a

③ 물이 마른 후, 원하는 모양대로 잘라 화지에 재구성한다. 작품 b

▼ 나누기

① 음악을 듣고 향을 맡으며 기분의 변화가 있나요? 어떤 변화인가요?

② 표현한 그림에 물을 묻혀 색이 번질 때 어떤 기분이 들었나요?

③ 화선지 그림이 물에 젖었을 때와 마른 후의 느낌은 어떻게 다른가요?

④ 화선지 위에 무엇을 표현하였나요?

⑤ 작품의 제목은 무엇인가요?

현장에서의 적용

• 편안한 환경을 조성하여 긴장을 이완한다. 음악 감상, 향기 맡기 외에도 심호흡, 근육 이완, 명상 등을 활용할 수 있다.

• 화선지 그림 위에 물의 양을 얼마나 묻히는지, 붓을 어떻게 사용하는지, 물이 마를 때까지 기다리는지 등 매체와 상호작용하는 방식과 활동과정에서의 아동의 정서 및 행동 반응 등을 통해 긴장도와 정서 수준을 확인한다.

• 활동과정에서의 작품 변화를 감정 변화와 연결 지어 생각하고 나눈다.

참고하세요!

- 수성펜을 연한 색보다는 진한 색으로 사용하면 화선지 위 색 번짐을 더 선명하게 관찰할 수 있다.
- 화선지 대신 키친타올이나 화장지를 활용할 수도 있다.
- 붓 대신 분무기를 사용하여 물을 뿌리며 흥미를 유발할 수 있다.
- 불안과 긴장이 높은 아동 중에는 색이 번지고 섞이는 것에 불편감을 느끼는 경우가 있다. 이는 통제할 수 없는 상황에 대한 불편감과 연결될 수 있으므로, 아동이 색을 사용하는 양이나 색 표현의 영역 등에서 어느 정도의 통제를 유지할 수 있도록 돕는 방법을 적용할 수 있다.

작품 a. **불꽃놀이/F/10**

색 화선지에 물을 듬뿍 발라 화선지가 투명해지는 과정을 가만히 관찰하던 아동은 이후 마른 화선지에 수성사인펜으로 빨강, 보라, 파랑, 주황색의 둥근 원과 녹색 선들을 그렸다. 이어 그림 위에 조심스레 물을 묻혀 색이 번지는 과정을 바라보며 '불꽃놀이' 같다고 말했다.

작품 b. 추석/F/10

작품 a와 같은 방식으로 몇 장의 작품을 추가 제작한 후, 각각의 작품에서 마음에 드는 부분을 잘라 화지 위에 재구성하였고 추석을 주제로 쑥 송편과 선물상자, 꽃을 닮은 불꽃놀이를 표현하였다. 다양한 색상과 색 번짐 표현으로 밝고 따스한 느낌이 든다.

10

| 회화 | 조소 | 공예 | 판화 | 디자인 | 놀이 | STEAM |

만다라 컬러링

만다라 컬러링은 만다라 문양의 도안을 채색하는 작업이다. 만다라 도안은 조화와 균형이 잡혀 있어 무의식과 잠재의식을 표출하게 하고 직관을 일깨우며 활기를 증진시킨다. 또한 만다라 문양을 채색하는 과정은 긴장과 불안 완화, 그리고 집중력 향상에 효과적이다.

대상 및 소요시간

대상: 만 5~6세 이상, 개인 및 집단

소요시간: 40~50분

목표

긴장 이완, 불안 완화, 집중력 향상, 심리적 통합

준비물

다양한 문양의 만다라 도안, 색연필, 사인펜, 파스텔, 물감 등 컬러링 재료

방법

▼ 들어가기

① 눈을 감은 채 조용하고 잔잔한 명상 음악을 들으며 호흡을 고르고 몸과 마음을 이완한다.

② 다양한 만다라 도안과 컬러링 재료의 다양한 색상이 주는 느낌을 이야기합니다.

▼ 활동하기

① 가장 마음에 드는 만다라 도안과 컬러링 재료를 선택한다. 그리고 마음이 이끌리는 대로 자유롭게 만다라 도안을 채색하며 채워 나간다.

② 동일한 문양의 만다라 도안을 다른 색으로 채색하거나, 다른 문양의 만다라 도안을 선택하여 채색해 볼 수 있다. 작품 a 별도의 화지에 직접 만다라 문양을 따라 그린 후 채색할 수도 있다.

▼ 나누기

① 이 만다라 문양을 선택한 이유는 무엇인가요?

② 선택한 도안은 어떤 느낌을 주나요?

③ 작품을 제작하면서, 혹은 완성된 작품을 감상하면서 떠오르는 느낌이나 기억들이 있다면 어떤 것인가요?

④ 만다라 도안을 모두 채색하고 난 뒤의 느낌과 기분은 어떤가요?

⑤ 이 작품을 어떤 곳에 보관하고 싶나요?

현장에서의 적용

• 만다라를 그리기 위해서는 평평한 바닥이나 테이블을 준비하고, 주변의 소음을 차단하여 조용하고 편안한 분위기를 조성한다. 자연의 소리나 명상 음악, 아로마 향, 향초 등을 사용하여 분위기를 더욱 고요하고 편안하게 만들 수 있다.

• 만다라 작업을 시작하기 전에는 호흡 연습이나 상상 여행을 통해 긴장을 풀고 집중하기 위한 준비를 한다(ex. 편안한 자세로 앉거나 누워서 두 손을 아랫배 위에 올리고 배의 움직임을 알아

채며 서서히 규칙적으로 호흡한다).

- 만다라 도안과 색상을 선택하고 채색하는 과정에서는 아동의 언어적·비언어적 표현을 유심히 관찰하여 아동의 내면을 살피고 공감하며 지지한다.
- 아동이 연속적으로 만다라 작업을 수행하는 경우, 반복되는 색상과 상징적 의미를 지닌 패턴과 그 패턴에서의 변화 지점을 세심하게 관찰한다.

참고하세요!

- 만다라에 표현된 색채는 정서나 기분, 자기지각에 대한 개념, 감각 등 다양하고 심화된 내면 세계의 통합적 이해를 가능하게 한다. 가령, 만다라에 조화로운 색상들이 나타난다는 것은 내면의 균형이 이루어지고 있으며 마음의 평화, 혹은 치유가 이루어지고 있다는 메시지를 내포하며, 만다라 속의 색상들이 서로 부딪히는 것 같이 보일 경우는 내면의 갈등이나 어떤 차원의 부조화를 시사하기도 한다. 또한 색채 사용의 가짓수를 통해 정서 상태, 에너지 수준 등을 짐작할 수 있으며, 어떤 색이 중심부에 있는지, 혹은 압도적으로 많은지에 따라 관심의 정점을 살펴볼 수 있고, 처음 사용된 색도 외부 세계에 대한 태도를 알 수 있는 중요한 단서가 될 수 있다. 단, 단회기에서 표현한 내용으로 판단하는 오류를 범하지 않도록 유의해야 한다. 여러 회기에 걸쳐 패턴화된 표현에 집중하되, 표현과정에서 보이는 아동의 언어적·비언어적 표현을 통합하여 전체적으로 바라보는 것이 중요하다.
- 불안과 긴장이 높은 아동에게 만다라 도안은 안전한 심리적 틀을 제공하여 안정감을 제공할 수 있다. 만다라 도안에 채색하는 작업을 통해 긴장과 불안이 서서히 완화되면, 그 이후에는 직접 도안을 따라 그리고 채색하는 단계로 진행하며, 마지막으로 틀 없는 자유 만다라 그림을 그리는 과정으로 천천히 안내할 수 있다.
- 개인 작업의 경우 A4 크기 정도의 만다라 도안이 적당하며, 짝 또는 그룹으로 실시할 경우 집단의 크기에 따라 도안의 크기를 확대하여 사용할 수 있다.

출처: 박윤미(2014).

작품 a. 만다라 도안 채색하고 꾸미기

〈워크시트: 만다라〉
마음에 드는 도안을 선택해 색칠해 보세요.

11

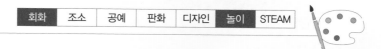

난화 그리기

난화란 긁적거리기란 의미를 가지고 있으며, 미분화 또는 착화의 상태를 일컫는다. 주제나 방법에 제한이 없고 그리고자 하는 욕구 자체가 목적이고 즐거운 놀이가 되어 미술에 대한 두려움과 부담을 가진 아동의 자발적 표현을 이끌어 낼 수 있다.

난화를 그리면서 무의식적 심상들이 자연스럽게 표출되며, 난화 속 숨은 그림들을 찾고 스토리를 만들면서 아동은 자신의 감정이나 지각 등을 탐색할 수 있다.

대상 및 소요시간

대상: 만 4~5세 이상, 개인 및 집단

소요시간: 40~50분

목표

긴장 이완, 흥미 유발, 사고력 신장

준비물

다양한 종류의 화지, 파스넷, 물감, 먹물 등 드로잉 재료

방법

▼ 들어가기

① 허공에 팔이나 몸을 움직여 그림을 그려 본다.

② 눈을 감은 채 큰 종이에 ①의 움직임을 그려 본다.

▼ 활동하기

① 마음에 드는 화지와 드로잉 재료를 선택한다.

② 눈을 감고 손이 가는 대로 자유롭게 난화를 그린다. 이번에는 눈을 뜨고 손이 가는 대로 자유롭게 난화를 그린다.

③ 마음이 편안해질 때까지 ②의 작업을 이어 나간다.

④ 작품 속에서 사람, 동물, 풍경 등 숨어 있는 그림을 찾고 구체화하거나, 떠오르는 생각이나 감정을 별도의 화지에 그린다.

⑤ 집단 진행 시 숨은 그림을 함께 찾고 마음에 드는 그림을 별도의 공동 화지에 잘라 붙여 협동 작품을 완성한다.

▼ 나누기

① 어떤 화지와 드로잉 재료를 선택하였나요? 선택한 이유는 무엇인가요?

② 눈을 감고 낙서할 때 어떤 기분이 들었나요? 눈을 뜨고 낙서할 때 어떤 기분이 들었나요? 눈을 감고 낙서할 때와 눈을 뜨고 낙서할 때 기분이나 느낌의 차이가 있었나요?

③ 그려진 선에서 이미지를 찾고 구체적으로 형상화해 봅시다.

④ 이미지들을 이어 하나의 이야기로 만들어 봅시다.

현장에서의 적용

• 다양한 재료를 제공하여 아동이 적절한 재료를 찾고 선택하게 한다. 또한 자신의 감정을 자유롭게 표현할 수 있도록 허용적 분위기를 제공한다.

• 아동이 경직되어 있다면 편안한 음악을 듣거나 가볍게 스트레칭한 후, 본 활동에 들어가도

록 한다.
- 숨은 그림들을 찾은 후, 공통점이나 차이점 등을 찾아보며 아동의 연상 작용을 돕는다.
- 숨은 그림들을 아동의 마음속 생각이나 생활과 연결하여 이야기 나눈다. 이를 통해 아동이 자신의 감정을 이해하고 통찰할 수 있도록 접근한다.

참고하세요!

- 난화는 의식적인 인위성보다 무의식적인 본능의 발현으로 자발적 욕구를 표출한다는 점(Hones, 1995; Naimi, 2006)에서 아동 이해에 중요한 의미로 작용할 수 있다. 특히 자신의 문제와 감정에 직면하는 것에 저항하는 경향이 있는 아동에게 난화는 은유를 통한 상징적 언어로서 효과적인 의사소통 수단이 될 수 있다.
- 10초, 20초와 같은 시간 제한을 두고 난화를 그리면, 아동은 자신의 감정이나 상상력을 즉흥적이고 신속하게 표현하게 된다. 이를 통해 아동의 흥미를 유발하고 창의적인 표현을 촉진할 수 있다.

📖 **참고문헌**

박윤미(2014). 만다라에 표현된 상징의 심리적 의미. 한양대학교 대학원 박사학위논문.

Hones, M. J. (1995). Clinical application of the "scribble technique" with adults in an acute inpatient psychiatric hospital. *Art Therapy, 12*(2), 111-117.

Naimi, M. (2006). Towards a new taxonomy of the scribble. *Canadian Art Therapy Association Journal, 19*(1), 12-16.

Chapter 2

시지각 발달과 집중력 향상을 위한 미술치료기법

시지각(visual perception)은 주변 환경을 시각적으로 인지하고, 시각적 자극을 이전 경험과 연결하여 인식하고 구별하며 해석하는 인지과정을 의미한다. 시지각 발달이 지체되면 사물 인지, 공간 관계 지각, 집중력 등에 어려움을 겪게 되며, 이는 자기관리, 놀이, 여가활동, 학교생활 등 다양한 측면에 영향을 미친다.

이 챕터에서는 아동의 시지각 발달과 집중력 향상을 위한 미술치료기법을 다룬다. 이 기법들은 아동이 내적 경험을 외부로 표현하고 자신의 외부 세계를 해석하며 형태를 부여할 수 있도록 돕는다. 또한 손의 운동과 감각을 자극하여 대뇌피질의 운동 및 인지 관련 영역을 활성화시키고 집중력을 높인다. 이를 통해 아동의 시지각 능력을 강화하고 전반적인 인지 발달을 촉진한다.

12

| 회화 | 조소 | 공예 | 판화 | 디자인 | 놀이 | STEAM |

하나하나 스티커 꾸미기

스티커는 손끝 동작을 반복하기 쉽게 해 주는 재료로, 다양한 컬러, 모양, 크기, 감촉의 스티커를 사용하여 미술활동을 즐기면 아동의 미세한 소근육 발달을 촉진할 수 있다.

도안에 따라 스티커를 붙일 때 눈으로 모양과 위치를 확인하며 작업하기 때문에 소근육 및 시지각 협응력 발달과 주의집중력을 향상시키는 효과도 기대할 수 있다.

대상 및 소요시간

대상: 만 3세 이상, 개인

소요시간: 10~30분

목표

소근육 발달, 시지각 협응력 발달, 집중력 향상

준비물

화지, 도안, 스티커(기본 도형, 다양한 색상·모양·질감), 색연필

방법

▼ **들어가기**

① 손끝 감각을 활용하여 다양한 크기, 모양, 색상, 질감의 스티커를 살펴보고 마음에 드는 것을 찾아 떼어 본다.

② 색연필로 선을 그린 후, 그림에 어울리는 스티커를 선을 따라 붙인다.

▼ **활동하기**

① 준비된 도안 중 마음에 드는 것을 고른다.

② 선택한 도안에 그려진 모양과 비슷한 스티커를 찾아 모양과 위치를 정확하게 맞춰 붙인다.

③ 도안 주변을 자유롭게 채색하고 꾸민다.

▼ **나누기**

① 스티커 중 가장 마음에 드는 색상과 모양은 무엇인가요? 그 색상이나 모양을 선택한 이유가 있나요?

② 가장 마음에 드는 도안은 무엇인가요? 그 도안을 선택한 이유는 무엇인가요?

③ 완성된 스티커 작품 중 가장 마음에 드는 작품은 무엇인가요? 그 이유는 무엇인가요?

현장에서의 적용

• 아동의 흥미와 관심, 활동 에너지 수준을 고려하여 도안 이미지를 구성하고, 활동 수준에 적합한 크기로 준비한다.

• 아동의 발달 수준과 성향에 따라 도안과 스티커 붙이기 난이도를 단계적으로 조절한다(ex. 스티커의 모양, 색상, 질감에 따라 스티커 붙이기, 스티커 간격을 조절하여 붙이기 등).

참고하세요!

- 스티커는 색상이 선명하고 형태가 뚜렷한 것을 준비하여 아동이 색상과 모양을 명확하게 인지할 수 있도록 한다.
- 코팅한 도안과 반접착식 스티커를 활용하면 좌절하기 쉬운 아동이 실수를 수정할 수 있어 활동에 도움이 된다.
- 주의력이 저하된 아동은 미션을 작은 단위로 나누어 집중 시간을 점진적으로 늘려 가는 것을 목표로 한다.
- 단조롭고 반복적인 붙이기 활동은 원시적 감각 행동에 치우친 지적장애 아동의 발달 촉진에 도움이 된다.
- 일반적으로 아동의 손 운동 능력은 생후 2년 동안 발달하지만, 손 기능이 미분화되어 안정적이지 않으면 발달 과정에서 어려움을 겪을 수 있다. 소근육과 미세운동 발달은 아동의 전반적인 발달에 중요한 요소이므로, 반복적인 활동을 통해 근육을 강화해야 한다.

〈워크시트: 스티커 도안〉
도안에 스티커를 붙여 보세요.

나비가 날아가는 길 따라가기(고정형)

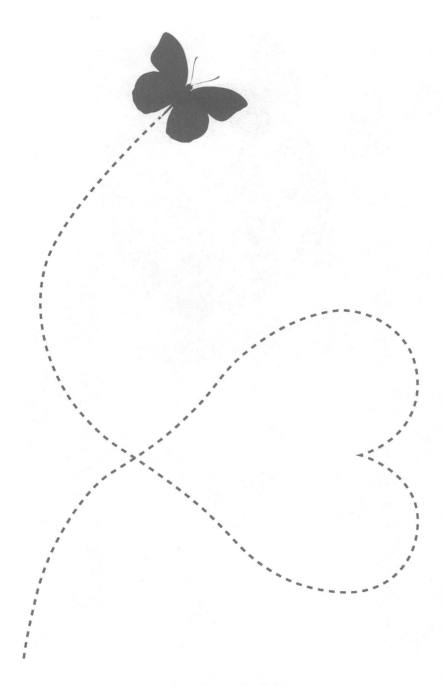

나비가 날아가는 길 따라가기(자유형)

민들레 홀씨 꾸미기

13

사자 얼굴 만들기

수수깡은 원하는 길이로 쉽게 잘라 사용할 수 있고 색상도 다양해서 조형 활동에 적합한 매체이다. 아동에게 친숙한 동물을 수수깡으로 붙여 꾸미는 작업은 흥미를 유발하며 집중력과 성취감을 증진시킬 수 있다. 원형 접시의 전체 테두리를 방향에 맞춰 수수깡을 붙여 가는 과정은 시지각 및 눈과 손의 협응이 자연스럽게 발달되도록 돕는다.

대상 및 소요시간

대상: 만 4세 이상, 개인 및 집단
소요시간: 20~30분

목표

시각-운동 협응력 향상, 집중력 향상, 성취감 증진

준비물

컬러 종이접시, 수수깡, 눈동자 스티커, 오일파스텔 또는 매직, 양면테이프

방법

▼ 들어가기

① 다양한 컬러 종이접시를 살펴보고 사자 얼굴에 잘 어울리는 접시를 선택한다.

② 수수깡을 사용하여 원하는 색상과 길이로 사자 갈기를 만들어 준비한다.

▼ 활동하기

① 둥근 접시 모양에 따라 수수깡을 붙여 사자 갈기처럼 보이도록 꾸민다.

② 수수깡을 모두 붙인 후 접시의 중앙 공간에 사자 얼굴을 꾸며 완성한다.

▼ 나누기

① 사자 얼굴로 가장 어울리는 색상의 종이 접시는 무엇인가요?

② 사자의 갈기를 어떤 색상과 길이의 수수깡으로 만들고 싶나요?

③ 완성한 사자에게 어떤 이름을 지어 주고 싶나요? 그 이름은 무엇인가요?

현장에서의 적용

• 수수깡을 컬러 접시에 붙이기 전에 아동의 기능 수준에 맞춰 미리 준비 작업을 해 둔다(ex. 수수깡을 작은 크기로 잘라 놓기, 양면테이프를 접시에 미리 붙여 놓기 등).

• 치료사가 수수깡 자르는 방법을 시범으로 보여 준 후, 아동이 직접 따라 할 수 있도록 기회를 제공한다.

• 수수깡을 붙일 때 아동이 수수깡의 길이나 방향을 잘 확인할 수 있도록 치료사가 활동을 제안한다. 예를 들어, 수수깡 3개를 이어 붙이고 멀리서 관찰한 후 이어서 작업하는 방식으로 진행할 수 있다.

참고하세요!

• 가위질에 익숙해지는 6~7세 아동에게는 수수깡 대신 색종이로 말아 붙이기를 활용하여 사자 갈기를 표현할 수 있다.

• 수수깡을 옆면으로 붙이거나 밑면에 세워 붙이는 방식으로 활동의 난이도를 조절할 수 있다.

14

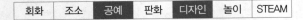

슬리퍼 만들기

다양한 색상과 형태의 플레이콘을 사용하여 슬리퍼를 만들어 보자. 이 활동을 통해 도안에 맞추어 플레이콘을 배치하면서 숫자, 방향, 형태를 인식하는 능력을 개발하고, 이 과정에서 시각-운동 협응 능력이 향상된다.

대상 및 소요시간

대상: 만 4세 이상, 개인
소요시간: 30~40분

목표

시각-운동 협응력 향상, 주의집중력 향상

준비물

두꺼운 화지, 색지, 플레이콘, 플레이콘 모양 틀, 가위, 테이프, 물티슈

방법

▼ 들어가기

① 플레이콘을 누르거나 물티슈에 찍어 보면서 그 질감과 특성을 탐색한다.

② 두꺼운 화지 위에 발을 올려놓고 발의 윤곽을 따라 그린 다음, 이를 잘라 슬리퍼의 바닥 도안을 만든다.

③ 색지를 사용하여 발등을 감싸 측정하고, 이 길이에 맞는 슬리퍼의 발등 부분을 준비한다.

▼ 활동하기

① 미리 준비한 슬리퍼 바닥 도안에 색상, 개수, 패턴을 정한 후, 해당 디자인에 맞게 플레이콘을 붙여 작품을 완성한다. 작품 a

② 미리 잘라 둔 발등 부분의 색지를 슬리퍼의 밑창에 고정한다.

③ 완성된 슬리퍼를 신고 걸어 보며 만든 슬리퍼의 착용감과 모양을 확인한다.

▼ 나누기

① 슬리퍼를 만들면서 가장 재미있었던 점은 무엇이었나요?

② 슬리퍼를 만들면서 어려웠던 점은 무엇이었나요?

③ 내가 만든 슬리퍼에서 가장 마음에 드는 점은 무엇인가요?

④ 내가 만든 슬리퍼를 신어 본 소감은 어떤가요?

현장에서의 적용

- 치료사와 함께 발바닥 윤곽을 따라 그리는 활동을 통해 흥미를 유발하고 집중력을 향상시킬 수 있다.

- 아동이 도안 위에 플레이콘을 직접 놓으면서 개수와 방향을 조정하고 원하는 색상을 선택하게 함으로써 패턴 인식, 공간 지각, 숫자 개념을 자연스럽게 학습할 수 있다.

- 플레이콘을 틀에 넣어 모양을 만들고 그것을 붙이는 과정을 반복하며, 미세한 손동작과 공간 인식 능력을 향상시키고, 집중력을 키울 수 있다.

참고하세요!

• 발 모양을 본뜨는 대신 양말 속지를 사용할 수 있다. 이때 양말 속지의 바닥면을 테이프나 손코팅지로 덧 대어 내구성을 높인다.

• 바닥에 표식을 두고 아동이 슬리퍼를 신고 걸을 때의 패턴과 방향을 관찰할 수 있도록 한다. 이는 아동의 대근육 운동 능력을 평가하고 개선할 수 있는 기회를 제공한다.

• 주의력 분산이 우려되는 자폐성장애 아동의 경우, 치료사는 모델링을 통해 아동의 참여를 유도하고, 아 동이 보다 적극적으로 모방하도록 격려한다. 이 과정은 아동의 사회적 상호작용 능력과 학습 과정에 필 수적인 참여를 촉진한다.

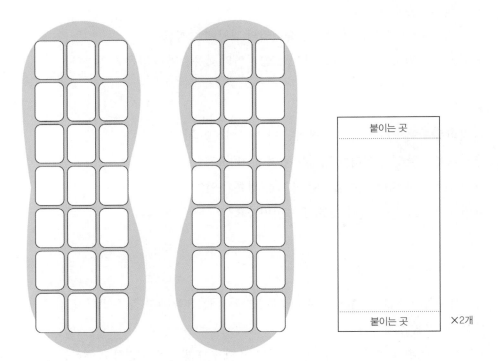

작품 a. 슬리퍼 도안

15

| 회화 | 조소 | 공예 | 판화 | 디자인 | 놀이 | STEAM |

나노 블록 팽이 만들기

나노 블록은 10mm 이하의 작은 블록을 다양한 색상으로 맞추는 놀이이다. 손끝에 집중하여 블록을 정확하게 맞추면서 아동의 소근육이 정교하게 발달하며, 눈과 손의 협응력과 집중력이 향상된다.

대상 및 소요시간

대상: 만 4세 이상, 개인 및 집단
소요시간: 30~50분

목표

시각-운동 협응력 향상, 공간 지각 능력 향상, 집중력 강화, 흥미 유발

준비물

다양한 색상의 나노 블록, 막대 망치, 팽이 도안

방법

▼ 들어가기

① 나노 블록 통에 손을 넣어 블록의 형태와 다양한 색상을 감각적으로 탐색한다.

② 준비된 팽이 도안 중 마음에 드는 것을 선택해 색상과 모양을 관찰한다.

▼ 활동하기

① 나노 블록을 막대 망치로 끼워 단순한 도형을 만든다. 작품 a

② 선택한 팽이 도안에 나노 블록의 색상과 형태를 원하는 대로 구성하며 블록을 조립한다.
　작품 b

③ 완성된 팽이를 함께 돌리며 게임을 즐긴다.

▼ 나누기

① 팽이 도안 중 가장 마음에 드는 모양과 색상은 무엇인가요?

② 팽이 도안 맨 윗줄(이후 순서대로)의 블록이 몇 개인가요? 어떤 색상들로 구성되어 있나요?

현장에서의 적용

• 본 활동 전, 게임 방식으로 나노 블록을 탐색하며 흥미를 유발하고 소근육 워밍업을 시도
한다(ex. 빨간색 블록 5개 찾기, 초록색 블록 7개 꺼내기, 노란색 블록 4개 빨리 찾기 등).

• 본 활동 전, 색상 인지와 시각-운동 협응을 돕는 활동을 통해 해당 영역의 발달 상황을 파
악한다(ex. 한 가지 색상으로 블록 5개를 일렬로 배열하기, 두 가지 색을 교대로 배치하여 사각형
만들기 등).

• 블록 조립 전에 도안 속 모양과 색상을 모눈종이에 따라 그리는 활동을 해 보자. 조립할 때
모눈종이 도안 위에 블록을 올려 보고 색상이나 위치를 스스로 점검하게 한다. 이를 통해
눈과 손의 협응력, 도형과 배경 간의 관계 인식, 공간적 위치 인식, 시각적 정보의 통합 등
의 기능을 향상시킬 수 있다.

• 치료사가 블록 조립 과정을 시범으로 보여 준 후, 아동이 이를 따라 할 수 있도록 돕는다.

이후, 시범 과정을 축소하여 아동이 스스로 수행할 수 있도록 돕는다.

참고하세요!

- 나노 블록은 평면, 입체 조립이 모두 가능하여, 아동이 원하는 캐릭터, 무기, 팽이 등 다양한 놀잇감을 만들 수 있다.
- 나노 블록은 크기가 8mm, 9mm, 10mm로, 아동의 발달 수준에 따라 선택할 수 있다. 미세 기능이 좋은 아동에게는 5mm 내외의 컬러 비즈를 활용할 수 있다.
- 아동들은 완성된 블록 작품들을 조합하여 새로운 형태를 만들기도 한다. 이 과정에서 중심 주제나 아동의 무의식에서 표출되는 심상을 관찰하고 확인할 수 있다.

작품 a. 나노 블록 끼우기

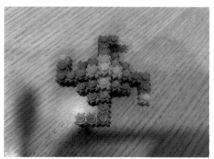 

작품 b. 나노 블록 팽이 만들기

〈워크시트: 나노 블록 팽이〉
원하는 모양으로 만들어 보세요.

16

회화 | **조소** | 공예 | 판화 | 디자인 | 놀이 | STEAM

밀가루 별자리

밀가루 반죽을 사용하여 별모양을 빚고 빨대로 연결하면 나만의 별자리가 탄생한다. 밀가루 반죽으로 별모양을 만들면서 아동들의 소근육을 적극적으로 활용하게 하고, 빨대를 사용하여 도형을 만들고 위치에 꽂는 과정은 시각-운동 협응력을 향상시킨다.

대상 및 소요시간

대상: 만 4세 이상, 개인 및 집단
소요시간: 30~50분

목표

소근육 발달, 색상 및 도형 인지, 시각-운동 협응력 향상

준비물

밀가루, 식용 색소, 모양 틀, 색빨대

방법

▼ **들어가기**

① 우주와 별자리 그림책을 통해 나의 생일 별자리를 살펴보고 그에 관한 이야기를 나눈다.

② 나의 별자리를 따라 그려 본 후, 본 활동에서 밀가루 반죽으로 만들어질 별자리의 모양과 색을 생각한다.

③ 밀가루에 물을 섞어 점토 정도의 찰기로 반죽한다.

▼ **활동하기**

① 별자리의 별 개수에 맞춰 반죽에 원하는 물감을 섞어 별 모양을 빚는다.

② 별자리가 연결된 모양대로 빨대를 밀가루 별에 연결하여 별자리를 완성한다. 작품 a

▼ **나누기**

① 나의 별자리는 무엇인가요?

② 나의 별자리는 어떤 모양인가요?

③ 나의 별자리를 구성하고 있는 별들은 어떤 색과 모양인가요?

현장에서의 적용

• 모양 빚기는 섬세한 관찰력과 손기술이 필요하기 때문에 아동의 발달에 맞춰 준비한다(ex. 별 모양 만들기, 동그랗게 빚기, 모양 틀을 활용해 손끝으로 눌러 꺼내기 등).

• 별자리에 따라 모양이 다르기 때문에 만들기의 난이도도 다르다. 치료사는 아동의 수준에 맞춰 별과 연결선의 개수 등을 조정하여 적절한 난이도로 활용하여 적용한다.

참고하세요!

- 밀가루 반죽은 장시간 공기에 노출되면 건조해지므로 20∼30분 이내에 작업을 마치는 것이 좋다. 여분의 반죽은 비닐이나 지퍼백 등에 보관하여 필요할 때마다 소분해 사용하면 작업 시간을 조절할 수 있다.
- 밀가루 반죽은 다양한 감각적 경험과 손동작을 요구하여 아동의 감각적 정보 처리를 촉진하며, 뇌의 감각 통합 영역을 활성화시킨다.
- 밀가루에 색을 섞을 때 손에 묻는 것을 싫어하는 아동이 있을 수 있다. 이는 감각적 활동을 회피하는 행동으로 이어질 수 있어 감각 통합에 어려움이 있는지 확인해야 한다. 다만, 청결에 민감한 양육 방식을 학습한 경우일 수도 있으니 이러한 행동의 원인을 종합적으로 평가해야 한다.

작품 a. 색 밀가루 별자리 만들기

〈워크시트: 별자리〉
생일과 별자리를 확인해 보세요.

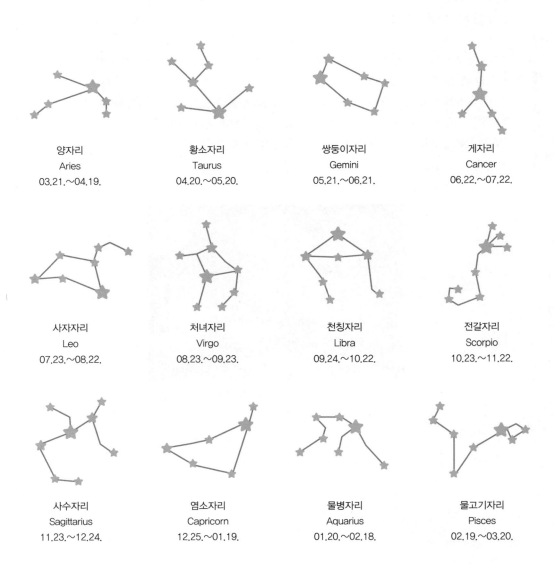

양자리 Aries 03.21.~04.19.	황소자리 Taurus 04.20.~05.20.	쌍둥이자리 Gemini 05.21.~06.21.	게자리 Cancer 06.22.~07.22.
사자자리 Leo 07.23.~08.22.	처녀자리 Virgo 08.23.~09.23.	천칭자리 Libra 09.24.~10.22.	전갈자리 Scorpio 10.23.~11.22.
사수자리 Sagittarius 11.23.~12.24.	염소자리 Capricorn 12.25.~01.19.	물병자리 Aquarius 01.20.~02.18.	물고기자리 Pisces 02.19.~03.20.

17

| 회화 | 조소 | 공예 | 판화 | 디자인 | 놀이 | STEAM |

플레이콘으로 입체 모형 만들기

플레이콘은 옥수수 전분으로 만든 친환경 재료이다. 선명한 색상, 까슬까슬한 촉감, 수용성 접착력 등의 특성을 가지고 있어 아동의 다양한 감각을 자극한다. 다양한 모양의 입체 형태로 쌓아 올리면서 눈-손 협응과 주의집중력을 향상시키고 공간의 형태를 이해할 수 있도록 도움을 준다.

대상 및 소요시간

대상: 만 5세 이상, 개인 및 집단

소요시간: 10~30분

목표

눈-손 협응력 향상, 형태 지각, 주의집중력 향상

준비물

색지, 플레이콘, 모형 칼, 물, 물티슈

방법

▼ 들어가기

① 오감으로 플레이콘을 탐색한다.

② 재료의 특성과 활용기법을 이해한다.

▼ 활동하기

① 다양한 활용기법으로 자유롭게 작품을 만든다. 작품 a

② 주제를 확장하여 더 다양하고 풍부한 표현을 시도한다. 작품 b

▼ 나누기

① 플레이콘을 입으로 불어 본 느낌은 어떠했나요?

② 물에 녹인 후 손으로 만졌을 때의 감촉은 어땠나요?

③ 작품에서 가장 마음에 드는 부분은 무엇인가요?

④ 완성된 작품을 보고 어떤 생각이 떠오르나요? 완성된 작품에 추가하고 싶은 것이 있나요?

⑤ 작품의 제목은 무엇인가요?

현장에서의 적용

- 플레이콘을 입으로 불어 날리거나 비벼 소리를 듣는 등 다양한 방법으로 오감을 활용한다 (ex. 물에 녹인 부분 만져 보기, 모형 칼로 여러 방향에서 잘라 보기, 물을 묻혀 이어 붙이기 등).

- 눈-손 협응력을 향상시키기 위해 작업 난이도를 점진적으로 안내한다(ex. 플레이콘 자르지 않고 붙여 만들기 → 플레이콘을 반으로 잘라 붙여 만들기 → 손끝 혹은 손바닥의 힘을 조절하여 모양 변형해서 만들기).

- 작품을 만들 때 여러 방향에서 형태를 확인하며 입체적인 공간 형태 구성을 이해하도록 한다. 다양한 관점에서 다르게 보일 수 있다는 경험을 제공하여 입체적인 사고를 촉진한다.

참고하세요!

- 작은 접시에 물티슈를 적셔 놓은 후 플레이콘을 찍어 사용하면 간편하게 작업할 수 있다.
- 장애 아동의 경우 활동 중 손의 힘, 소근육 및 재료 사용 능력, 형태를 구조화하는 정도 등을 점검한다. 관찰 내용을 반영하여 아동 수준에 맞는 재료와 기법으로 활동을 진행한다.
- 아동이 어려워하면 치료사는 조금씩 단서나 도움을 제공하며, 반복하여 실시할 수 있도록 지도한다.
- 플레이콘 작업이 익숙해지면 수수깡을 활용해 보자. 수수깡을 잘게 조각 내고 조합하며 핀을 활용해 구체적 모형으로 조립하는 등의 높은 난이도의 활동을 실시할 수 있다.
- 경계선 지능 아동에게는 아동의 흥미와 선호도에 기반하여 도안을 제공하고 플레이콘을 따라 붙일 수 있도록 한다. 아동의 지능 수준을 고려하면서 간단한 단계부터 단계별로 반복 적용한다.

작품 a. **풍차가 있는 이글루/F/8**

매체를 탐색하며 이글루를 만들고 싶어 했던 아동은 흰색이 부족하다는 것을 확인하고 다양한 색상으로 이글루를 만들기로 했다. 반구 모양의 이글루 형태로 플레이콘을 쌓아 올리면서 여러 방향에서 대칭을 확인하고 양손으로 균형적인 쌓기를 시도했다. 작품을 완성한 후에는 작품을 감상하며 풍차를 떠올렸고 이글루에 십자 형태의 풍차를 만들어 붙여 완성했다.

작품 b. **우리 집/F/8**

만들기를 좋아하는 아동은 구조적 형태보다 색상에 주목하여 스토리가 있는 작품을 만들었다. 마당과 실내를 다른 색으로 나누고, 정원과 돌담, 울타리, 강아지가 있는 마당, 소파, TV, 주방이 있는 집을 색으로 나타냈다. 외부 활동으로 바쁜 부모님과 함께 시간을 보내고 싶어 하는 아동의 소망을 담고 있다.

18

| 회화 | 조소 | 공예 | 판화 | 디자인 | 놀이 | STEAM |

아이클레이 김밥 만들기

아이클레이는 선명한 색상과 우수한 탄력성, 가소성을 가지고 있어 형태를 만들면서 소근육 발달과 색 인지 향상에 효과적이다. 아이클레이를 사용하여 실제 김밥과 유사한 모양을 만들면 손바닥과 손끝 근육을 골고루 사용하게 된다. 또한 색상 혼합이 쉬워서 음식 모양을 구현하기 좋고 이를 통해 색 지각과 성취감을 증진시킬 수 있다.

대상 및 소요시간

대상: 만 4세 이상, 개인 및 집단
소요시간: 20~30분

목표

소근육 운동, 색 인지 및 집중력 향상, 성취감 증진

준비물

다양한 색상의 아이클레이, 흰색 폼클레이, 플라스틱 칼, 종이접시

방법

▼ 들어가기

① 김밥에 사용되는 재료들의 크기, 색깔, 맛 등에 대해 이야기 나눈다.

② 아이클레이를 자유롭게 탐색하며 색상과 점성을 확인한다.

▼ 활동하기

① 검은색 클레이를 납작하게 펼친 후 정사각형 모양을 만든다.

② 흰색 폼클레이를 김 위에 밥처럼 펼쳐 놓는다.

③ 김밥 속 재료들과 유사한 색깔의 아이클레이를 긴 모양으로 만들어 준비한다.

④ 펼쳐 놓은 김밥 클레이 위에 여러 재료를 얹어 동그랗게 말아 완성한다. 작품 a

⑤ 김밥을 일정한 간격으로 잘라 접시 위에 장식한다.

▼ 나누기

① 김밥에 들어가는 재료들은 어떤 것들이 있나요?

② 김밥 재료들의 색상은 무엇인가요? 어떤 모양으로 생겼나요?

현장에서의 적용

- 김밥에 대해 이야기를 나누며 재료들의 색상과 형태를 상기하도록 유도한다.
- 김밥 속 재료를 만들 때 다양한 방법으로 소근육을 활용하도록 안내한다.
  - 김: 손바닥 전체로 납작하게 눌러 펴기 → 손끝으로 사각형 모서리 만들거나 칼로 잘라 내기
  - 김밥 속 재료들: 손바닥 안쪽 근육을 반복적으로 밀어 길게 늘이기
  - 김밥 자르기: 손끝의 힘을 조절하며 일정한 간격으로 김밥 자르기
- 김밥을 자를 때 일정한 간격으로 집중하여 자르도록 안내해 손끝의 힘을 조절하는 경험을 제공한다.

참고하세요!

- 아이클레이 김밥을 자를 때 세게 누르면 색이 뭉개질 수 있으므로, 톱질하듯 살살 자르거나 약간 건조시킨 후에 시도해 보자.
- 김은 한지, 밥알은 흰색 폼클레이, 속 재료는 수수깡을 활용하면 실제 김밥과 유사한 표현이 가능하고 자르는 놀이도 즐길 수 있다.
- 완성된 김밥을 놀이 재료로 활용해 보자.

작품 a. **아이클레이로 김밥 말기**

19

| 회화 | 조소 | 공예 | 판화 | 디자인 | 놀이 | STEAM |

색종이 물고기 낚시왕

다양한 색상의 색종이를 접어 재미있는 물고기를 만들어 보자. 이 활동은 소근육을 촉진시키며, 집중력과 인지 발달에도 도움이 된다. 또한 물고기 낚시 게임을 통해 반복적인 활동을 즐기며 시각-운동 협응력을 향상시킬 수 있다.

대상 및 소요시간

대상: 만 4~5세 이상, 개인 및 집단
소요시간: 30~50분

목표

소근육 운동, 시각-운동 협응력 향상, 집중력 향상, 흥미 유발

준비물

색종이, 사인펜, 수수깡, 털실, 자석 스티커, 테이프

방법

▼ 들어가기

① 다양한 색종이로 만들어진 물고기들을 감상하고, 접는 방법을 확인한다.

② 색종이에 자석 스티커를 붙이고 다른 자석 스티커로 들어 올려 자석의 세기를 탐색한다.

▼ 활동하기

① 마음에 드는 색상의 색종이를 선택해 물고기를 접는다.

② 완성된 색종이 물고기에 이름이나 그림 등을 자유롭게 표현하고 자석 스티커를 붙인다.
  작품 a

③ 색종이 물고기들을 바닥에 펼쳐 두고 수수깡 낚싯대로 낚시 놀이를 즐긴다. 작품 b

▼ 나누기

① 어떤 색종이의 색상이 가장 마음에 드나요?

② 이 물고기 모양을 선택한 이유가 있나요?

③ 낚싯줄로 물고기를 잡아 올릴 때 사용한 나만의 방법이 있었나요?

④ 원하는 물고기를 낚아 올렸을 때의 기분은 어땠나요?

현장에서의 적용

• 이번 활동에 필요하지 않거나 시각적으로 혼란을 야기할 수 있는 환경적 요소들을 제거한다.

• 색종이 접기를 어려워하는 아동에게는 모델링을 통해 쉬운 모양부터 순차적, 단계별로 접근하며 작은 성공 경험을 가질 수 있도록 지원한다.

• 미리 안내선을 그려 두거나, 반복 시행을 통해 접기 활동을 지원할 수 있다.

• 파란색 물고기 잡기, 'ㄱ'으로 시작하는 이름의 물고기 잡기, 한번에 두 마리 잡기 등 다양한 목표를 통해 아동의 흥미와 참여를 유도한다.

> **참고하세요!**
>
> • 색종이 물고기의 무게에 맞춰 적당한 자력의 자석 스티커를 준비한다. 클립이나 말굽자석 등을 활용할 수도 있다.
> • 계절이나 상황에 따라 다양한 색종이 접기 주제와 놀이 방법을 제안하여 아동의 흥미와 참여를 촉진한다. 작품 c
> • 접은 물고기에 소원, 희망 또는 미션을 적어 낚시 놀이를 해 보자. 아동의 흥미를 유발하면서 비전을 형성하는 데 효과적이다.

작품 a. 다양한 색상의 색종이를 접어 물고기 만들기

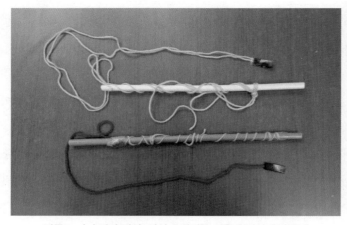

작품 b. 수수깡과 털실, 자석 스티커를 이용해 낚싯대 만들기

작품 c. **할로윈 가랜드 만들기**

20

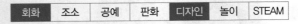

회화 조소 공예 판화 디자인 놀이 STEAM

글라스데코

글라스데코는 접착력이 있는 물감을 사용하여 도안에 맞춰 쉽게 그림을 그릴 수 있는 예술 활동이다. 다양한 색상의 글라스데코를 다양한 모양의 도안에 채우는 과정은 아동에게 흥미로운 활동으로 작용하여 집중력을 높일 수 있다. 글라스데코를 충분히 건조시킨 후에는 유리창에 부착하여 스테인드글라스 효과를 얻을 수 있어, 간단한 활동으로도 만족스러운 결과를 얻을 수 있다.

대상 및 소요시간

대상: 만 5세 이상, 개인 및 집단
소요시간: 40~50분

목표

형태 지각, 색 인지, 주의집중력 향상

준비물

글라스데코 물감, OHP 필름, 모양 틀, 다양한 도안, 딱풀

방법

▼ 들어가기

① 글라스데코 모양 틀과 도안 중에서 가장 마음에 드는 것을 선택한다.

② 각 모양 틀 구역에 어떤 색상을 채울지 생각해 본다.

▼ 활동하기

① 선택한 모양 틀 라인에 맞춰 원하는 색상으로 채워 나간다.

② 도안 모서리에 맞춰 OHP 필름을 고정한 후, 선을 따라 원하는 색상의 글라스데코 물감을 도포한다. 작품 a

③ (다음 세션) 건조된 글라스데코 작품을 OHP 필름에서 조심스럽게 떼어 내어 유리창에 부착하고 감상한다.

▼ 나누기

① 특정 모양 틀이난 도안을 선택한 이유는 무엇인가요?

② 선택한 모양이나 도안에는 어떤 이야기가 담겨 있나요?

③ 색상을 선택하는 데 있어 어떤 고민이 있었나요?

④ 색상을 선택하여 어떤 감정이나 느낌을 표현하고 싶었나요?

⑤ 작품을 만드는 동안 느낀 감정이나 경험을 나누고 싶은 부분이 있나요?

⑥ 유리창에 붙인 글라스데코를 보며 어떤 느낌, 생각이 들었나요?

현장에서의 적용

• 아동들이 흥미를 가질 수 있도록, 일상에서 선호하는 캐릭터나 주제의 다양한 도안을 사전에 준비한다.

• 아동의 소근육 발달 수준을 고려하여, 정교한 표현이 어려운 경우에는 글라스데코 모양 틀을 먼저 사용하여 활동에 참여할 수 있도록 한다.

• 손의 힘을 조절하고 적절한 양의 글라스데코를 도포할 수 있도록, 간단한 도안부터 시작하

여 연습을 통해 손의 미세한 조절 능력을 향상시킨다.

• 아동들이 선택한 모양이나 색상은 그들의 감정이나 경험을 표현하는 수단일 수 있다. 작품을 통해 이야기를 구성하도록 유도하여 내적 세계를 탐험하고 이해하는 데 도움을 줄 수 있다.

• 완성된 글라스데코 작품을 유리창에 부착하고 지속적으로 관찰하며, 작품을 통해 새로운 의미를 발견할 수 있도록 돕는다. 이를 통해 연속된 성취감을 경험할 수 있다.

참고하세요!

• 도안 따라 그리기가 어려운 아동의 경우, 미리 네임펜으로 선을 그려 놓아 도움을 줄 수 있다. 특히 글라스데코 물감을 도포할 때는 진한 색상이 번질 수 있으므로 연한 색상을 사용하는 것이 좋다.

• 아동용 글라스데코 제품은 다양한 종류와 디자인으로 제공되고 있다. 아동들의 나이나 미술 표현의 수준, 관심사에 따라 다양한 선택이 가능하다(ex. 글라스데코 페인트, 글라스데코 마커, 글라스데코 키트, 글라스데코 스티커 등).

작품 a. 글라스데코 건조 전후 모습

21

투명 곤충 인형 만들기

 내구성이 뛰어나고 부드럽게 다룰 수 있는 라미네이팅 필름은 그리기, 자르기, 찍기 등 다양한 반복 활동이 가능하다. 곤충 도안을 따라 그린 필름을 봉합한 후, 수정토를 넣어 색색깔의 곤충을 만드는 흥미로운 활동은 아동들의 집중력을 지속시킬 수 있다. 투명 곤충 인형을 만들 때의 자르기, 찍기, 넣기 과정은 소근육을 다양하게 활용하도록 돕는다.

대상 및 소요시간

대상: 만 5세 이상, 개인 및 집단
소요시간: 30~40분

목표

눈-손 협응 및 소근육 운동, 주의집중력 향상, 흥미 유발

준비물

라미네이팅 필름, 곤충 도안, 스테이플러, 수정토, 폼폼이, 가위, 매직

방법

▼ 들어가기
① 투명 곤충 인형 예시작을 살펴보고 다양한 방식으로 탐색한다. 작품 a
② 준비된 곤충 도안 중에서 마음에 드는 것을 선택한다.

▼ 활동하기
① 라미네이팅 필름 사이에 곤충 도안을 넣고 도안을 따라 그린다.
② 도안 밑그림보다 1cm 여유를 두고 필름을 자른다.
③ 그림 테두리 선을 따라 스테이플러로 봉합하되, 수정토가 들어갈 정도의 구멍은 남겨
둔다.
④ 봉합한 필름 안에 수정토와 폼폼이를 채우고 스테이플러로 마무리한다.

▼ 나누기
① 곤충 도안을 선택한 이유가 있을까요?
② 도안 따라 그리기, 필름 자르고 봉합하기, 수정토 넣기 등의 활동에서 어려웠던 부분이나
새롭게 도전한 경험이 있었나요? 각 활동을 진행하기 위한 특별한 방법이 있나요?
③ 이 활동을 하면서 특히 어떤 부분에서 흥미를 느꼈나요?
④ 완성된 투명 곤충 인형의 어떤 부분이 특히 마음에 드나요?

현장에서의 적용

- 예시작은 평소 아동이 좋아하는 곤충을 선택하여 작업에 대한 흥미를 불러일으키고 자발
적으로 참여하도록 유도한다.
- 도안 윤곽선을 따라 스테이플러 찍는 과정을 시범으로 보여 주고, 아동이 천천히 집중해서
따라 할 수 있도록 지원한다.
- 수정토와 폼폼이를 필름 안에 넣을 때, 게임 형식의 미션(ex. 특정 색의 수정토나 폼폼이를 정
해진 수만큼 찾아 넣기 등)을 도입하여 주의집중력을 높이고 아동이 재미를 느낄 수 있도록

한다. 미션을 완료하면 하이파이브나 칭찬 같은 즉각적인 긍정적 보상을 제공한다.

• 스테이플러 간격이 넓으면 수정토가 밖으로 빠져나올 수 있으므로, 아동이 스스로 작품을 집중해서 관찰하고 빈 부분을 찾아 해결할 수 있도록 돕는다.

• 아동이 작품에 담고 싶은 이야기, 감정, 생각 등을 나누도록 유도한다.

• 작품에서 아동이 특히 마음에 들어 하는 부분을 찾아내고 이에 대해 이야기하도록 한다.

참고하세요!

• 6세 이하 아동은 소근육 힘이 부족하므로, 스테이플러를 사용할 때 바닥에 놓고 찍는 방법을 시연하여 쉽게 따라 할 수 있도록 지원한다.

• 강한 탄력성을 가진 OHP 필름이나 손코팅 필름, 찢어지기 쉬운 일반 비닐은 라미네이팅 필름을 대체하기 어려우므로 주의가 필요하다.

• 행동 수정을 목표로 하는 집단에서는 수정토를 사용할 경우 집단 분위기가 혼란스러워질 수 있으므로, 예측 가능한 활동을 제공하는 폼폼이만 활용하도록 한다.

• 곤충 외에 아동이 선호하는 캐릭터나 주제를 적용하면 집중력 향상에 효과적이다.

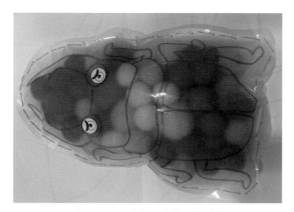

작품 a. 폼폼이가 들어간 곤충 인형

〈워크시트: 곤충 도안〉
마음에 드는 도안을 선택해 필름 안에 끼워 넣고, 따라 그려 보세요.

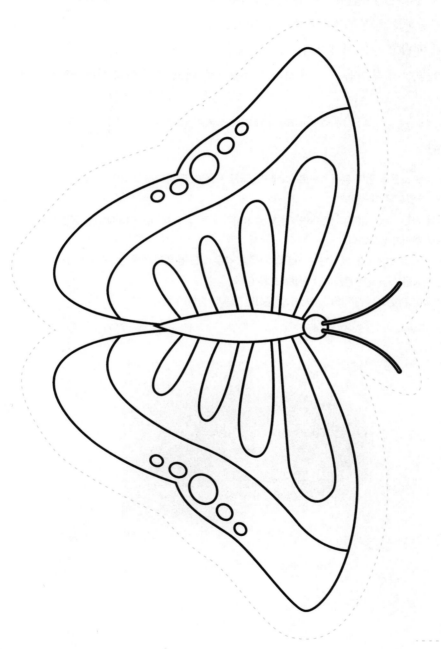

----- 자르는 선

출처: Pixabay.

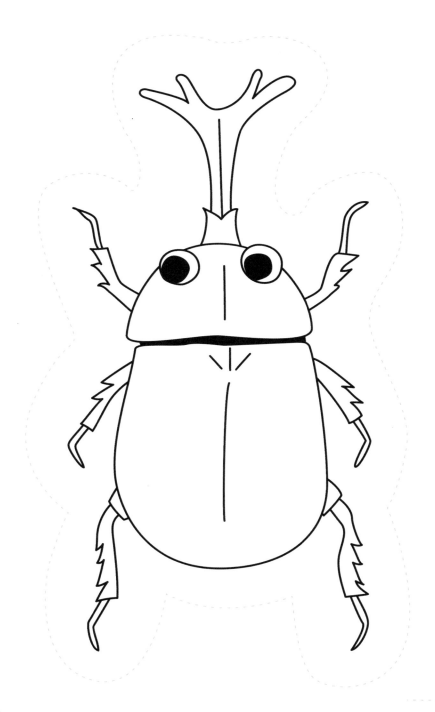

- - - - 자르는 선

22

| 회화 | 조소 | 공예 | 판화 | 디자인 | 놀이 | STEAM |

알록달록 셀로판지

선명한 색상의 셀로판지는 빛을 통과시켜 다양한 색상을 만들어 낸다. 이를 이용해 그림을 그리거나 붙이는 등 다양한 표현이 가능하다. 아동은 이러한 다양한 색의 셀로판지를 통해 흥미를 느끼며 시선을 집중하고, 자연스럽게 시각적 주의력을 향상시킬 수 있다.

대상 및 소요시간

대상: 만 6세 이상, 개인 및 집단
소요시간: 20~40분

목표

색상 지각, 공간 지각, 시각적 주의

준비물

검정 도화지, 셀로판지, OHP 필름, 매직, 가위, 풀

방법

▼ 들어가기

① 셀로판지 조각을 빛에 비춰 보고, 입으로 불어 보고, 정전기를 일으켜 붙이는 등 다양한 방법으로 탐색한다.

② 서로 다른 색의 셀로판지를 겹쳐 보면서 색의 농도와 혼합이 어떻게 변하는지 관찰한다.

▼ 활동하기

① 검정 도화지로 원하는 모양의 프레임을 만들고, 셀로판지를 붙인 후, 그림을 그려 완성한다. 작품 a

② OHP 필름에 자유롭게 셀로판지 조각을 겹쳐 붙인 후, 매직으로 셀로판지 모양을 따라 그리거나 떠오르는 생각을 표현하여 완성한다. 작품 b

③ 완성된 작품들을 창문에 붙이고, 빛이 투과되는 아름다운 모습을 감상하며 이야기 나눈다. 작품 a, b

▼ 나누기

① 같은 색상의 셀로판지를 여러 장 겹칠 때마다 색상이 어떻게 달라졌나요?

② 다른 색상의 셀로판지가 서로 겹쳐질 때 색상이 어떻게 변했나요?

③ OHP 필름에 셀로판지를 겹쳐 붙이면서 무슨 생각이 들었나요? 어떤 감정이 느껴졌나요?

④ 창문에 작품을 붙였을 때 빛이 어떻게 변한다고 느꼈나요?

⑤ 친구들의 작품과 비교하면서 어떤 점이 인상적이었나요?

현장에서의 적용

• 여러 색상의 셀로판지를 1장, 2장 겹쳐 보면서 농도나 혼합 정도를 조절해 가며 발견한 색상을 언어로 표현한다.

• 도화지 프레임과 셀로판지 조각을 이용한 게임을 통해 공간에 맞는 모양과 크기, 색상 차이를 탐색한다(ex. 두 가지 색으로 붙이기, 사각형으로 동그라미 채우기 등).

- 작품에서 겹쳐진 부분의 셀로판지 색을 확인하고 그 부분에서 나타난 색의 변화나 차이를 이해하도록 돕는다.

참고하세요!

- 수분이 쉽게 통과하는 셀로판지를 사용해 화지에 조각들을 올리고 분무기로 물을 뿌리면, 간단하면서도 아름다운 작품을 만들 수 있다.
- 색에 대한 이해는 인지(cognition) → 변별(discrimination) → 매칭(matching)의 과정으로 진행한다.
  - 인지: 색을 보고 정보를 인지하기
  - 변별: 다양한 색의 차이를 식별하고 구분하기
  - 매칭: 생활 속 사물의 색을 매칭하거나 비교하며 색에 대한 이해 확장하기
- 삼각형과 사각형 형태의 다양한 프레임을 사전에 준비하여 아동들이 이를 조합하여 다양한 모양을 구현할 수 있도록 독려해 보자.

 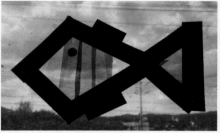

작품 a. 프레임 모양에 맞춰 셀로판지 조각을 붙여 표현하기

작품 b. OHP 필름에 셀로판지로
꾸민 후 떠오르는 그림 그리기

23

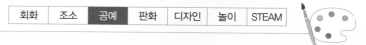

| 회화 | 조소 | 공예 | 판화 | 디자인 | 놀이 | STEAM |

색타일 모자이크

다양한 색상의 모자이크 타일을 조합하여 아름다운 색의 조화를 만들어 보자. 모자이크는 다양한 색상의 조각들을 조합하여 아름다운 패턴을 만드는 활동으로, 직접 조각을 붙이면서 색상과 모양을 자유롭게 구성할 수 있다. 색타일 모자이크를 만들 때는 일정한 크기의 조각들을 사용하고, 다양한 색상을 조합해 주의를 기울이며 원하는 형태를 만든다.

대상 및 소요시간

대상: 만 7세 이상, 개인 및 집단
소요시간: 50~60분

목표

조형력, 구성력 및 주의집중력 증진, 색 인지 및 조화 경험

준비물

나무판, 연필, 색타일, 스티커

방법

▼ 들어가기

① 다양한 색상의 조화를 즐기며 모자이크 아트 작품을 감상한다. 작품 a

② 나무판에 표현하고자 하는 아이디어를 고민한다.

▼ 활동하기

① 나무판에 원하는 주제를 간략히 스케치한 후, 다양한 색상의 타일로 조화롭게 채워 나간다.

② 완성된 모자이크 작품을 감상하며 어울리는 스티커를 붙여 꾸민다. 작품 b

▼ 나누기

① 어떤 주제의 작품인가요? 그 주제를 선택한 이유가 무엇인가요?

② 색타일을 선택할 때, 어떤 기준이나 아이디어를 가지고 골랐나요?

③ 작품을 만들면서 어떤 어려움에 부딪혔나요? 어떻게 해결했나요?

④ 모자이크 작품에서 나만의 스타일이 돋보이는 부분이 있나요?

⑤ 작품을 통해 어떤 감정이나 이야기를 전하고 싶었나요?

⑥ 모자이크 작품을 보고 떠오르는 느낌이나 생각이 있나요?

⑦ 모자이크 작품에서 어떤 부분이 가장 마음에 들었고, 어떤 부분이 개선하고 싶은지 생각
해 볼까요?

현장에서의 적용

• 생활 속 색 경험이 작품에 반영되도록 다양한 이미지 및 모자이크 예시작을 보여 준다.

• 색타일을 활용해 창작하는 과정에서 나타나는 아동의 표현 방식(ex. 연필 스케치 시도 여부, 타
일을 붙이는 간격, 위치 조정, 색상 선택 등)을 관찰하고, 이를 기반으로 창작과정을 지원한다.

• 완성된 모자이크 작품을 살펴보면서, 어떤 부분이 마음에 드는지, 어떤 부분을 추가하거나
빼고 싶은지에 대해 이야기한다. 이를 통해 아동의 창의성과 감성을 증진시킨다.

참고하세요!

- 안토니 가우디(Antoni Gaudí)가 건축 디자인한 바르셀로나 구엘 공원(Park Güell)을 감상하며 모자이크 아트의 예술적 모티브를 즐긴다. 작품 a
- 아동의 손기술 수준에 따라 양면접착 시트지 등을 사용해 색종이 조각을 붙이거나, 도안에 컬러마스킹 테이프를 뜯어 붙이는 등 다양한 응용이 가능하다.
- 색타일 대신 잡지 사진을 사용하면 더 사실적이고 풍부한 색감 표현이 가능하며, 병뚜껑 등 재활용품을 활용하면 창의적 색채 경험을 할 수 있다.

작품 a. 화려한 모자이크 기법이 돋보이는 가우디의 구엘 공원

작품 b. 색타일 풍경 모자이크 작품

24

| 회화 | 조소 | **공예** | 판화 | **디자인** | 놀이 | STEAM |

철사 꽃 미니 정원

철사는 원하는 대로 유연하게 구부러지는 금속선재로 평면과 입체 형태를 자유롭게 구현할 수 있다. 철사는 여러 번 모양을 변경해도 강한 내구성을 유지하며, 아동들이 손쉽게 모양을 만들고 반복적으로 사용하기 좋다. 손의 힘을 조절하여 철사로 꽃을 만들고 원하는 위치에 꽂는 과정을 통해 눈과 손의 협응력을 기를 수 있다.

대상 및 소요시간

대상: 만 8세 이상, 개인 및 집단
소요시간: 30~50분

목표

소근육 발달, 시각-운동 협응력 향상, 공간 지각

준비물

컬러 철사, 모루, 플로랄 폼, 그릇, 가위, 물

방법

▼ 들어가기

① 컬러 철사와 플로랄 폼을 다양한 방법으로 탐색한다.

② 여러 모양의 컬러 철사 꽃 예시작을 관찰하고, 만들고 싶은 모양을 연습한다.

▼ 활동하기

① 원하는 색상의 철사를 선택해 꽃 모양으로 구부려 표현한다.

② 준비된 모양 외에도 원하는 모양을 자유롭게 표현한다.

③ 플로랄 폼 모양에 맞추어 원하는 형태로 철사 꽃을 꽂아 장식한다. 작품 a

▼ 나누기

① 철사, 모루, 플로랄 폼을 탐색하며 느낀 특징들은 무엇인가요?

② 선택한 색상의 철사를 사용하여 꽃 모양을 구부려 표현하는 과정에서 어떤 어려움이 있었나요?

③ 준비된 모양 외에도 자유롭게 표현한 모양 중에서 어떤 것이 가장 마음에 들었나요?

④ 플로랄 폼 모양에 맞추어 꽃을 꽂아 장식하는 과정에서 느낀 새로운 시도나 발견은 무엇이었나요?

⑤ 이 활동을 통해 얻은 경험 중에서 특히 기억에 남는 부분이 있나요?

현장에서의 적용

- 철사와 플로랄 폼을 탐색하는 동안, 다양한 활동을 제안하여 재료의 특성을 이해하고 아동이 모험을 감수하며 대처 기술을 향상시킬 수 있도록 한다(ex. 철사: 구부리기, 자르기, 특정 모양으로 만들어 고정하기 등, 플로랄 폼: 찌르기, 뜯기, 철사 꽂기, 물에 담근 후 눌러 보기 등).

- 철사 조작에 적응한 아동에게는 도구 활용 방법을 안내한 후, 자유롭게 모양을 응용해 만들 수 있도록 창작 경험을 제공한다(ex. 연필로 스프링 모양 만들기, 여러 개의 철사를 꼬아 표현하기 등).

• 주의집중이 필요한 아동에게는 색상과 모양을 활용한 단계적 개입으로 반복 활동을 돕는 다(ex. 같은 색상으로 꽃 모양 2개 만들기, 하트 꽃 만들기, 꽃잎 개수 1개부터 3개까지 표현하기 등, 플로랄 폼 가장자리를 따라 일정한 간격으로 꽂아 보기, 알파벳 M·Y·U 등으로 꽂아 보기 등)

참고하세요!

• 철사는 금속 재질에 따라 구부러지는 경도와 탄성이 다르다. 알루미늄 철사는 아동들이 적은 힘으로 쉽게 변형시킬 수 있어 가장 대중적으로 사용된다. 모루는 철사에 부드러운 털이 감겨 재료가 안전하게 마감되어 기본 철사와 함께 활용하면 풍부한 표현이 가능하다.

• 철사로 꽃을 만드는 것이 어려운 아동은 플로랄 폼에 빨대, 나무젓가락, 이쑤시개, 폼폼이 등을 꽂아 보며 눈-손 협응과 공간 개념에 대한 확장을 목표로 접근한다. 작품 b

• 철사의 양끝은 매우 뾰족하고 날카로워 아동이 찔리거나 다치지 않도록 주의한다.

• 컬러 모루 등을 활용해 구부리고 꽂아 표현하는 것은 단순한 놀이이며 반복 활동이기에 미취학 아동에게 적용할 수 있다.

• 입체적이고 사실적인 표현, 움직임을 모사한 작품 구현은 입체적 탐색기(8~10세), 입체적 사실기 (10~12세) 이후에 가능하다

작품 a. **플로랄 폼에 다양한 모양의 철사 꽃을 꽂아 나만의 미니 정원 만들기/F/10**

작품 b. 플로랄 폼에 대칭적으로 꽂아 보기/M/8

25

수면양말 인형 만들기

가볍고 부드러운 수면양말은 바느질 연습에 좋은 재료이다. 반복적으로 꿰매는 활동은 아동들의 집중력과 소근육의 움직임을 향상시킬 수 있다.

보들보들하고 따뜻한 수면양말과 솜은 그 자체로 아동들에게 편안함과 정서적 안정감을 제공한다.

대상 및 소요시간

대상: 만 7세 이상, 개인

소요시간: 40~60분

목표

소근육 발달, 주의집중력 향상, 정서 안정

준비물

수면양말, 솜, 플라스틱 바늘, 색실, 털실, 폼폼이, 인형눈 스티커, 글루건

방법

▼ 들어가기

① 수면양말과 솜을 만져 보면서 부드러운 촉감을 충분히 탐색한다.

② 수면양말과 솜을 활용해 어떤 인형을 만들지 생각한다.

▼ 활동하기

① 원하는 색상의 수면양말에 솜을 채워 넣어 인형 몸통을 만든다.

② 양말 입구를 봉합하고 겉면을 폼폼이 등으로 자유롭게 꾸며 완성한다. 작품 a, b

▼ 나누기

① 수면양말과 솜을 만질 때 무엇이 떠올랐나요?

② 완성된 인형을 보고 떠오르는 느낌이나 생각이 있나요?

③ 인형의 이름은 무엇인가요?

④ 인형이 좋아하는 것 혹은 싫어하는 것은 무엇인가요?

⑤ 인형에게 필요한 것이 있다면 무엇인가요? 어떻게 마련하면 좋을까요?

⑥ 인형을 만들며 가장 즐거웠던 점은 무엇인가요? 어려웠거나 힘들었던 점이 있었다면 무엇인가요?

현장에서의 적용

- 재료 탐색 과정에서 솜과 수면양말의 부드러움과 포근함을 충분히 느끼며 긴장을 이완할 수 있도록 돕는다.
- 바느질 활동에서 아동의 손기술에 맞춰 활동의 난이도를 조절한다.
  - 난이도 하: 양말에 솜을 채우고 털실로 입구를 묶은 후, 꾸미기 재료를 붙이기
  - 난이도 중: 양말 입구를 꿰매고, 폼폼이를 바느질로 고정하기
  - 난이도 상: 양말에 인형 도안을 그린 후 자르고, 도안을 꿰맨 다음 솜을 넣기 활동과정 a, b
- 인형을 완성한 후 역할 놀이 또는 상황극을 해 보자. 인형은 자신이나 타인을 투사시킬 수

있는 중간 오브제로 역할 상황극을 통해 아이의 감정과 욕구 확인이 가능하다. 또한 인사하기, 도움 청하기, 이야기 주고받기 등을 연습하며 아동의 사회인지 능력을 향상시킬 수 있다.

참고하세요!

• 아동별로 차이가 있으나 만 5, 6세 이상의 아동은 기본적인 바느질을 수행할 정도로 소근육이 발달한 상태이다. 그러나 주의력이 낮은 아동이나 어린 유아의 경우 미리 바늘 구멍을 뚫어 플라스틱 바늘로 안전하게 작업하는 것이 좋다.

• 수면양말로 만든 포근한 인형은 아동의 애착 대상으로 기능할 수 있다. 애착 대상과 떨어져 있거나 잠자리에 들기 전, 아동이 자신의 걱정을 털어놓거나 자신을 지켜 주는 역할로 친밀감을 형성하고 스트레스 환경으로부터 심리적 안정감을 느낄 수 있도록 돕는다.

• 인형은 일상생활 속 친근한 유희적인 오브제로, 즐거움을 주는 대상이라는 것만으로도 아동의 지적·정서적 발달과 심리적 치유에 중요한 역할을 한다(Edington, 1985; Topp, 2005).

바느질 작업이 어려운 아동

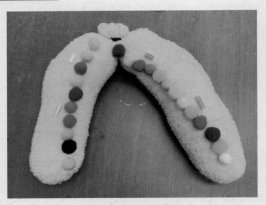

작품 a. **목베개 인형/M/9**

평소 만들기를 회피하던 아동은 수면양말에 솜을 채워 넣고 목베개처럼 묶는 과정에 흥미를 느끼고 몰입하였다. 다양한 색상의 폼폼이와 빨대를 붙여 완성한 인형에 애착을 보였다. 매체가 주는 안정감과 아동 기능 및 심리적 수준에 맞춘 활동으로 인해 행동 변화가 나타났다.

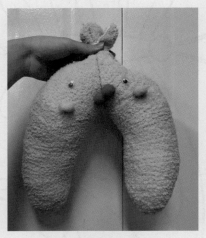

작품 b. **무제/F/9**

솜과 수면양말의 부드러운 감촉만으로도 큰 만족감을 경험한 아동은 인형을 꾸미면서 껴안고, 뽀뽀하고 쓰다듬는 등의 애착 행동을 보였다. 이는 엄한 아버지와 바쁜 어머니로부터 충분한 애정과 심리적 안정감을 받지 못한 경험을 반영하고 있다.

바느질 작업이 가능한 아동

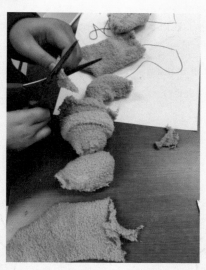

활동과정 a. **종이에 인형 도안을 그린 후, 수면양말을 도안에 맞춰 자른다.**

활동과정 b. **도안에 맞춰 자른 천을 바늘로 이어 붙이고 솜을 넣어 완성한다.**

작품 c. **늑대인형, 네티/F/10**

매 회기 활동에 의욕을 보였던 아동은 예전 바느질 경험을 언급하며 직접 시도해 보고 싶어 했다. 간단한 도안을 그리고 주제를 정하며 각 부위별로 제작해 실제 인형과 유사한 형태로 완성하는 과정에 몰두하였다. 아동기 주요 발달 과업인 근면성과 미술의 사실적 표현을 향상시키며 이 아이의 건강한 성장을 확인할 수 있었다.

📖 참고문헌

Edington G. (1985). Hand puppets and dolls in psychotherapy with children. *Perceptual and Motor Skills, 61*(3 Pt 1), 691-696.

Topp, J. (2005). The uses of doll making in art therapy with children: Four case studies (Doctoral dissertation, Concordia University).

Chapter 3

정서 탐색 및 표현을 위한 미술치료기법

정서(emotion)는 다양한 감정, 기분, 생각, 행동을 포함하는 마음의 상태이다. 아동의 정서 발달은 삶의 모든 영역에서 중요한 역할을 하며, 감정을 경험하고 이를 인지함으로써 아동은 자신과 주변 세계를 더욱 깊이 이해하게 된다. 이 과정에서 아동은 언어적 및 비언어적 방법을 통해 자신의 감정을 표현하고, 타인의 감정을 이해하며 이에 공감할 수 있는 능력을 개발한다. 이러한 능력은 아동이 풍부한 사회적 상호작용을 할 수 있도록 돕는다.

이 챕터에서는 아동이 자신의 감정을 탐색하고 표현하는 데 도움을 주는 미술치료기법을 소개한다. 이 기법들은 창의적인 미술활동과 다양한 감각 매체를 활용하여 아동의 정서 표현을 촉진한다. 이러한 접근 방식은 아동이 자신의 내면과 외부 세계를 효과적으로 해석하고 관리할 수 있게 하여, 아동의 전반적인 정서 발달에 긍정적인 영향을 미친다.

26

| 회화 | 조소 | 공예 | 판화 | 디자인 | 놀이 | STEAM |

보글보글 비눗방울

숨을 깊게 들이마시고 내쉬는 심호흡으로 내 감정을 생각하고 표현해 보자. 내 마음속 감정이 자연스럽게 반영된 다양한 색상의 비눗방울 거품을 바라보며 몸과 마음이 편안해진다. 알록달록한 거품들이 만들어 낸 예상할 수 없는 모양들이 종이에 찍히면서, 재미있는 놀이가 시작된다.

대상 및 소요시간

대상: 만 5세 이상, 개인 및 집단
소요시간: 20~40분

목표

감정 표현 및 탐색, 흥미 유발

준비물

화지, 투명한 컵(종이컵), 물감, 다양한 굵기의 빨대, 세제 등을 섞은 비눗방울 용액

방법

▼ 들어가기

① 최근에 자주 느꼈던 감정(ex. 화, 행복 등)을 떠올리고, 어떤 색이 연상되는지 이야기 나눈다.

② 마음속에 담긴 감정을 빨대로 뱉듯이 내쉬고, 그 후에 천천히 심호흡을 한다.

▼ 활동하기

① 비눗방울 용액이 담긴 컵에 내 현재 감정을 닮은 색상의 물감을 넣고 잘 섞는다.

② 감정의 크기만큼 숨을 들이마신 후, 빨대로 입김을 불어 색상이 섞인 거품을 만든다. 작품 a

③ 부풀어 오른 비눗방울 거품을 화지에 찍어 내어 감정을 표현해 본다. 작품 b

▼ 나누기

① 최근에 경험한 일 중에 가장 기억에 남는 일은 무엇인가요? 그때 어떤 감정과 기분이 느껴
  졌나요?

② 그때 떠오르는 감정과 가장 닮아 있는 색은 무엇인가요?

③ 나의 감정이 담긴 색깔 거품이 부풀어 오를 때 어떤 느낌이 들었나요?

④ 거품에 숨을 불어넣기 전과 후의 감정은 어떻게 변화되었나요?

⑤ 화지에 찍힌 거품을 보고 떠오르는 것이 있나요? 감정이나 기분 변화를 일으켰다면, 어떤
  기분인가요?

현장에서의 적용

• 아동이 감정의 깊이에 따라 숨을 조절하며 활동하도록 돕는다. 예를 들어, 최근에 답답한
  일이 있었다면 숨을 깊이 들이마신 후 내뱉기를 2~3회 시행해 볼 수 있다.

• 아동이 선택한 물감의 색상과 그 색이 어떤 감정을 상징하는지, 언어로 표현하도록 돕는다.

• 감정 거품을 화지에 찍은 작품을 보면서 무엇이 떠오르는지 대화를 나눈다. 활동 초반과
  변화된 감정을 인지하고 감정의 변화를 이해할 수 있도록 돕는다.

참고하세요!

• 책상 위에 비닐이나 신문지, 커다란 박스 등을 미리 준비하여 아이들이 편안하게 거품을 불며 감정을 표출할 수 있도록 한다.

• 아이들은 물감이나 세제의 양을 조절하지 못할 수 있으므로, 적정한 비율을 미리 알려 주거나 작은 병에 소분하여 활동에 몰입할 수 있도록 돕는다.

• 빨대의 색상과 크기를 다양하게 준비해 현재 감정 상태와 유사한 것을 선택할 수 있도록 한다.

• 거품은 비정형 매체로 감각 발달에 효과적이며, 거품에 색을 섞는 활동은 아동들의 색 인지에 도움을 준다.

• 활동 전·후 감정의 정도를 수치화(0~10)하여 기록하면 감정의 변화를 객관적으로 확인할 수 있다.

• 거품을 찍어 낸 화지를 보고 떠오르는 이미지와 감정을 재표현하며 창의적 작업을 연속할 수 있다.

작품 a. **빨대로 입김을 불어 감정 거품 만들기**

작품 b. **화지에 감정 거품 찍어 표현하기**

27

| 회화 | 조소 | 공예 | 판화 | 디자인 | 놀이 | STEAM |

색모래 마음

색모래의 부드럽고 까슬까슬한 촉감은 말초 감각을 자극한다. 색모래를 통해 활성화된 감각은 감정과 연결되어 정서 탐색을 용이하게 해 준다. 색모래를 활용해 표현된 내면의 감정은 상징적으로 나타나며, 아동들의 정서 표현의 기회를 찾을 수 있다.

대상 및 소요시간

대상: 만 6세 이상, 개인 및 집단
소요시간: 20~30분

목표

감각 활성화, 정서 탐색 및 표현

준비물

화지, 플라스틱 박스, 색모래, 색연필, 반짝이 가루, 풀

방법

▼ 들어가기

① 마음에 드는 색상의 모래를 박스에 담아 오감으로 자유롭게 탐색한다.

② 색모래를 만져 가며 떠오르는 이미지와 감정들을 손가락으로 낙서하듯이 자유롭게 그려 본다.

▼ 활동하기

① 화지에 풀로 나의 마음을 그리고, 지금 감정과 비슷한 색상의 모래를 선택해 뿌려 본다. 작품 a

② 각각의 감정들이 무엇인지 글로 적거나 표정을 그려 표현한다.

③ 작품을 감상한 후, 가장 크게 느껴지는 감정을 색모래로 다시 표현한다. 작품 b

▼ 나누기

① 색모래를 손으로 만지면서 어떤 생각과 감정이 떠올랐나요?

② 색모래의 색상마다 어떤 감정이 담겨 있나요? 감정과 관련한 일화가 있나요?

③ 마지막 모래에 표현한 감정은 처음과 비교했을 때 어떤 변화가 있었나요?

현장에서의 적용

• 안정적인 환경을 조성하기 위해 책상 위에 비닐을 깔거나, 박스 안에 모래를 넣어 둔다.

• 색모래의 색상과 가장 잘 어울리는 감정은 무엇인지 이야기 나누며, 아동의 주관적 색 경험과 정서를 확인한다.

• 색모래로 표현한 감정이 시간에 따라 변하는 과정을 아동이 시각적으로 인식할 수 있도록 돕는다(ex. 변화 과정을 사진 찍어 보여 주고 언어로 표현하기).

• 완성된 작품을 감상하며 초반과 어떻게 달라졌는지 비교하는 질문을 통해 감정을 탐색하고 인식하도록 돕는다(ex. 감정의 크기, 색의 진하기, 모양의 변화 등을 물어보기).

참고하세요!

• 모래를 사용할 때는 뾰족캡 투명 용기에 담아 입구 크기를 조절할 수 있다.

• 과도한 충동성을 보이는 아동에게는 특정 부분에만 색모래를 뿌리는 활동으로 접근한다.

• 촉각방어 등 과도한 감각 반응을 보이는 아동에게는 모래 대신 구슬과 같은 다른 자극을 통해 아동의 선호도에 맞게 접근하도록 한다.

• 아동이 단편적인 감정만 알고 있을 때 감정카드를 활용하면 다양한 감정을 확인하고 표현할 수 있게 도와준다.

• 모래치료는 인본주의 교육학 개념에서 나온 접근법으로, 아동 중심적 놀이 형태로 접근하기에 (Carmichael, 1994) 모래놀이 자체만으로 아동의 능동적 참여를 가능하게 한다. 모래는 상징적 언어로 표현이 가능하며, 정서적 이완과 불안, 공격성 감소에 도움이 된다(Bartosh & Bartosh, 2020; Kallff, 1991).

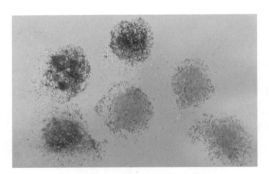

작품 a. **색모래로 나의 마음 표현하기**

작품 b. **활동 마무리 과정에서 나의 주요 감정 표현하기**

28

| 회화 | 조소 | 공예 | 판화 | 디자인 | 놀이 | STEAM |

판화에 찍힌 마음
(우드락 판화)

우드락은 아동들이 쉽게 조각할 수 있어 판화 작업에 적합하다. 우드락에 자신의 감정을 새기고 물감을 바른 다음, 종이에 찍어 내면서 내면의 정서를 탐색할 수 있다. 판화의 재사용 가능성은 아동들이 다양한 색상을 실험하고 그 순간의 기분을 표현할 수 있는 기회를 제공한다.

대상 및 소요시간

대상: 만 7세 이상, 개인

소요시간: 40~50분

목표

정서 탐색 및 인식, 자유연상 경험

준비물

화지, 우드락, 연필이나 볼펜, 물감, 세제, 쟁반, 롤러

방법

▼ 들어가기

① 수채화 물감에 주방 세제를 섞어 색상이나 텍스처의 변화를 확인하고 떠오르는 감정을 나눈다.

② 우드락 면에 여러 도구(ex. 연필이나 볼펜, 이쑤시개, 조각도 등)를 사용하여 선을 그어 보면서 재료의 강도와 특징을 탐색하고 마음에 드는 도구를 선택한다.

▼ 활동하기

• 오목 판화

① 나의 감정이나 하고 싶은 말을 우드락에 새겨 본다.

② 마음에 드는 색의 물감을 선택하고 우드락에 롤러를 사용하여 물감을 바른 후 종이에 찍어 낸다. 작품 a, b

• 평판화

① 우드락에 물감으로 직접 그림을 그리고 종이에 찍어 낸다. 이후 찍어 낸 작품을 보고 떠오르는 생각이나 감정을 새로운 화지에 자유롭게 표현해 본다. 작품 a

▼ 나누기

① 우드락에 새길 때 사용한 도구 중 어떤 점이 가장 마음에 들었나요?

② 우드락에 새겨서 찍어 낸 작품과 우드락에 물감으로 직접 그려 찍어 낸 작품에 어떤 차이를 느꼈나요?

③ 작업을 마친 후 변화된 나의 감정이 있다면 무엇인가요?

④ 판화를 찍어 낸 이미지를 보고 어떤 생각이나 감정이 떠오르나요? 그 이미지가 당신에게 어떤 의미를 갖나요?

현장에서의 적용

- 아동이 다양한 방식으로 매체를 탐색하며 새로운 경험과 느낌을 가질 수 있도록 격려한다 (ex. 세제 양을 조절하며 물감의 투명도, 광택, 흐름의 변화 관찰하기 등).
- 재료를 탐색하고 우드락에 감정을 새기며, 찍어 낸 후 그 작품에서 떠오르는 이미지를 자유롭게 그려 보는 과정을 통해 아동이 자신의 생각을 자유롭게 표현할 수 있도록 독려한다. 이 활동은 자유연상을 촉진하고 자신의 정서를 수용받는 경험을 제공한다. 활동과정 a, b, c
- 찍어 낸 작품에서 사용된 색상과 모양을 관찰하고, 이를 통해 느껴지는 기분을 이야기하게 함으로써 아동의 정서 인식을 강화한다.

참고하세요!

- 판화를 찍어 낼 때는 일반 도화지보다 화선지나 80g 이하의 종이를 활용하면 보다 선명한 색상의 작품을 확인할 수 있다.
- 안정적인 판화 그림을 새길 수 있도록 5t 이상의 두께를 가진 우드락을 사용한다.
- 물감을 도표할 때는 한 가지 색상부터 단계적으로 늘려 가며 성취감과 유능감을 경험하도록 한다. 작품 a, b
- 아동이 선택한 도구와 우드락에 그림을 새기는 강도와 선의 굵기 등을 면밀히 관찰하면서 표현하는 방식을 통해 아동의 창의성, 기질, 성향을 파악한다.

활동과정 a, b, c. **명탐정과 범죄현장/F/7**

평판화 기법으로 그리기-찍기-자유연상 표현하기

작품 a. 연습 작품/M/7

한 가지 색상으로 찍어 내기

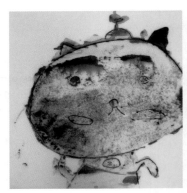
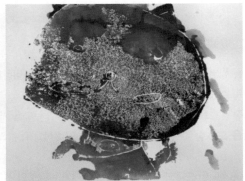

작품 b. 고양이/F/7

여러 색상을 이용해 찍어 내기

29

| 회화 | 조소 | 공예 | 판화 | 디자인 | 놀이 | STEAM |

내 마음과 닮은 감촉들

다양한 텍스처를 가진 매체는 촉각을 자극하고 감각의 통합을 촉진하여 감정 표현을 용이하게 한다. 손으로 만지거나 구기고, 비비거나 흔드는 등 다양한 감각 경험은 말초신경을 통해 뇌로 정보를 전달하며, 이는 감성적인 반응을 유도한다. 이러한 과정을 통해 아동은 창작 활동 중 다양한 감정을 느끼고 자유롭게 표현할 수 있다.

대상 및 소요시간

대상: 만 7세 이상, 개인 및 집단
소요시간: 30~40분

목표

정서 탐색 및 인식, 정서 표현

준비물

색지, 한지, 알루미늄 호일, 솜, 부직포, 휴지, 비닐, 폼폼이, 목공풀(글루건)

방법

▼들어가기

① 다양한 색상과 질감의 재료들을 눈으로 보며 떠오르는 느낌과 생각을 나눈다.

② 시각 외 청각, 촉각, 후각 등 다양한 감각을 통해 재료를 탐색하고 이때 떠오르는 기분이나 느낌을 나눈다.

▼활동하기

① 다양한 질감의 재료들을 활용해 지금 떠오르는 감정들을 색지 위에 자유롭게 구성한다. 작품 a

② 추가로 표현하고 싶은 감정이 있다면 그림이나 언어로 표현해 본다. 작품 b

▼나누기

① 손에 닿을 때 기분이 좋은 재료와 기분이 좋지 않은 재료는 무엇인가요? 재료를 만지며 떠오르는 기억이나 일화가 있나요? 기억 속 나의 표정은 어떤가요? 어떤 감정을 느끼고 있나요?

② 재료의 향기나 소리는 어떠한가요? 후각이나 청각으로 재료를 탐색하며 어떤 생각과 느낌이 들었나요?

③ 완성된 작품에는 나의 어떤 감정들이 표현되어 있나요? 추가하여 표현하고 싶은 감정이 있나요?

현장에서의 적용

• 아동이 다양한 감각 매체를 자유롭게 탐색할 수 있도록 손이 닿기 쉬운 위치에 종류별로 준비한다.

• 매체를 통한 탐색 과정을 통해 아동이 자신의 감정을 이해하고 표현할 수 있도록 도움을 준다.

• 저학년에서는 매체의 특징과 감정을 연결해 연상하며 상담을 시행한다. 고학년에서는 주

관적인 정서 경험을 탐색하고 이를 표현하며 보다 세밀한 감정의 의미를 이해해 나가도록 돕는다.

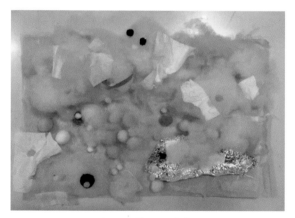

작품 a. **하늘 구름/F/10**

가정에서 모와의 애착 관련 이슈를 가진 여아의 작품이다. 아동은 솜의 감촉을 적극적으로 탐색하며, 편안함을 느꼈고, 많은 양의 솜을 활용하여 자신의 감정을 표현하기 시작했다. 점차 더욱 몰입하여 작업하였고 여러 가지 색상의 폼폼이, 휴지, 한지 등 다양한 매체를 활용하여 작품을 완성한 후, '하늘 구름'이라 제목 지었다. 작품에는 심리적 안정감을 찾고자 하는 아동의 의지가 담겨 있다.

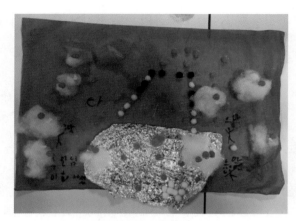

작품 b. 화산과 용암/F/10

가정환경에 대한 불만과 양가적 감정으로 공격적인 태도를 보였던 여아의 작품이다. 아동은 빨간색 한지와 은박지를 선택하고 구기며 손에 느껴지는 감촉을 탐색했다. 이후 빨간색과 검정색 폼폼이를 활용해 용암이 흘러내리고 방울처럼 튀기는 모습을 표현하였고, 자신을 화나게 하는 사람들이 화산에 빠져 있는 상황을 그리며 내면의 분노 감정을 표출하였다. 이후 부드러운 솜을 만지다가 화산이 잠잠해져 식어 버린 상태를 솜과 하얀색 폼폼이로 표현하였다. 작품에는 아동이 내재된 부정적 감정들을 매체의 색상과 감촉을 활용해 표현한 후, 이를 통해 자연스럽게 정서를 인식하며 안정감을 찾아가는 과정이 반영되어 있다.

30

놀람 팝업카드
(으악! 무슨 일이야!)

명화를 감상하면서 작품 속 주인공의 놀란 감정을 살펴보자. 이 과정은 자신과 타인의 감정을 인식하는 데 도움이 된다. 이후 명화에서 느낀 감정을 자신만의 상징과 언어로 재해석하여 팝업카드를 제작하면서, 감정을 입체적으로 경험하고 표현하는 방법을 배울 수 있다.

대상 및 소요시간

대상: 만 6세 이상, 개인 및 집단

소요시간: 30~50분

목표

정서 인식 및 표현, 정서 전환, 흥미 유발

준비물

화지(150g 이상), 명화 도안, 색연필, 사인펜, 가위, 테이프

방법

▼ 들어가기

① '놀람' '절규'와 관련된 명화를 감상하며 떠오르는 기억과 감정을 이야기한다.

② 명화 속 주인공의 포즈를 따라 해 보고 그 감정에 대해 자유롭게 나눈다.

▼ 활동하기

① 명화 도안을 채색하고 주인공과 같은 기분이라면 어떤 말을 할지 말풍선에 적어 붙인다.

② 도안을 붙인 팝업카드와 어울리도록 카드 내부를 자유롭게 표현한다. 작품 a

③ 완성된 팝업카드를 펼쳤을 때 강조된 나의 감정들을 읽으며 확인한다.

④ 놀라고 난 후 어떤 감정으로 변화할지 생각하고 또 다른 감정 팝업카드를 만들어 본다.

▼ 나누기

① 명화 속 주인공은 어떤 감정을 느끼고 있을까요?

② 주인공처럼 입을 크게 벌린 채 소리를 지르며 놀란 적이 있었나요? 그때 무슨 일이 있었고 어떤 감정을 느꼈나요?

③ 명화 도안을 색칠하고 꾸미면서 어떤 생각이 떠올랐나요?

④ 감정 팝업카드를 만들기 전과 후 나의 감정이 달라진 점이 있나요?

현장에서의 적용

• 명화 감상 시 작품에 담긴 이야기를 들려주며 아동이 비슷한 상황이나 경험을 떠올릴 수 있도록 돕는다. 작품 b

• 채색용 명화 도안은 감정 표현과 디테일한 묘사에 있어 2~3가지의 난이도로 준비하고, 아동의 감정이나 미술적 능력에 맞춰 적절한 도전을 하도록 한다.

• 팝업카드에 표현한 상황과 감정을 언어로 표현하면서, 아동이 자신의 감정을 시각적으로 인지하고 명확하게 이해할 수 있다.

참고하세요!

- 팝업 도안을 안정적으로 지지하기 위해 150g 이상의 두꺼운 표지용 화지를 사용한다.
- OHP 필름에 이미지를 프린트하고 채색하면 투명한 레이어 효과와 다채로운 색상 혼합을 경험할 수 있다.
- 명화 감상은 정서적 이완을 돕고 주의력을 향상시키며 즐거움을 증진시킨다. 또한 창작 활동을 통해 개인의 감정을 표현하고 이해하며, 이는 행동 변화를 촉진할 수 있다.
- 컴퓨터나 모바일을 이용한 디지털 명화 감상은 다양한 예술 작품에 쉽게 접근할 수 있게 해 주며, 정서 조절, 인지 능력 및 언어 발달에 도움을 줄 수 있다(Xu & He, 2021).
- 6세부터 11세 사이에 사회적 감수성이 발달하며, 이 시기 아동은 명화 감상을 통해 타인의 감정과 기분을 이해할 수 있다.

작품 a. **명화 도안 채색 후 감정 팝업카드 만들기**

작품 b. **에드바르 뭉크(Edvard Munch)의 〈절규〉**

피곤에 지친 뭉크가 친구들과 다리를 건너며 바라본 석양의 하늘이 갑자기 핏빛으로 느껴졌고, 이때 느꼈던 공포와 두려움을 절규하는 모습으로 표현한 것이다.

〈워크시트: 팝업 그림〉

도안을 채색하고 팝업카드를 만들어 봅시다.

저학년용

고학년용

31

| 회화 | 조소 | 공예 | 판화 | 디자인 | 놀이 | STEAM |

양초처럼 눈물이 나요

촛농이 녹아내리는 모습은 눈물에 비유되는 메타포이다. 명화 속의 슬픈 감정을 다양한 색상의 촛농으로 표현해 보자. 촛농들이 아름답게 조화를 이루며 녹아내리는 모습은 슬픔이 다른 정서로 정화되는 과정을 경험하게 한다.

대상 및 소요시간

대상: 만 7세 이상, 개인 및 집단
소요시간: 20~40분

목표

정서 표현, 정서 수용 및 정화

준비물

명화 자료, 화지, 컬러 양초, 투명 플라스틱 컵, 물, 스티커

방법

▼ 들어가기

① '눈물'과 관련한 명화를 보고 떠오르는 감정과 기분에 대해 이야기 나눈다. 작품 c, d, e
② 양초를 녹여 촛농이 흘러내리는 모습, 촛농이 물 위로 똑똑 떨어지는 모습을 관찰하고 이에 대해 이야기 나눈다.

▼ 활동하기

① 다양한 색상의 양초를 사용하여 촛농을 화지에 자유롭게 떨어뜨려 본다. 작품 a
② 자신의 슬픈 감정과 어울리는 색상의 양초를 골라 물이 담긴 투명 컵에 촛농을 떨어뜨려 본다.
③ 투명 컵 외부에 스티커를 붙여 나만의 아름다운 '눈물 컵'을 만들어 본다. 작품 b

▼ 나누기

① 명화 속의 인물처럼 슬펐던 순간이 있나요? 어떤 상황에서 슬픔을 경험했나요?
② 촛농이 똑똑 떨어지는 것처럼 눈물을 흘리며 울었던 기억이 있나요? 그때 어떤 일이 있었나요?
③ 여러 색상의 촛농이 떨어져 어우러진 작품을 보고 어떤 감정이 느껴지나요?
④ 촛농을 떨어뜨린 눈물 컵을 스티커로 아름답게 장식하고 난 후에 나의 감정은 어떻게 달라졌나요?

현장에서의 적용

- 명화 속 인물의 슬픔에 공감한 후, 촛농이 떨어지는 모습을 바라보며 연상을 통해 감정을 표출하도록 돕는다. 이때 차분한 음악을 틀어 감정에 몰입할 수 있게 한다.
- 도입 단계에서는 각자의 감정에 맞는 색상의 촛농을 화지에 떨어뜨려 정서를 표현하도록 유도한다.
- 눈물 컵을 꾸미는 활동을 통해 감정의 정화를 경험하고 수용할 수 있도록 안내한다(ex. 눈

물 컵의 물 색상을 변경하기, 아름다운 색상의 물 위에 떠 있는 촛농 감상하기, 반짝이는 스티커로 눈물 컵 꾸미기).

참고하세요!

• 명화는 주인공의 감정을 느낄 수 있는 작품 c를 선택해 아동의 감정 이입을 돕는다[ex. 파블로 피카소 (Pablo Picasso)의 〈우는 여인〉, 빈센트 반 고흐(Vincent Van Gogh)의 〈슬퍼하는 노인〉, 로이 리히텐슈 타인(Roy Lichtenstein)의 〈절망〉 등].

• 작업 전에 아동의 안전을 고려하여 손이 데이지 않도록 주의사항을 충분히 안내하고, 촛농을 떨어뜨릴 때 불길이 아동에게 닿지 않도록 긴 양초를 사용한다.

• 촛농 자유화는 같은 색상의 촛농끼리 선을 연결해 숨은 그림 찾기를 하거나 수채화 물감을 도포해 영역이 분리되는 모습을 확인하며 긴장 이완을 목표로 진행할 수 있다.

• 포프리 방향제를 활용하면 투명 컵 안의 물 색상 변화와 함께 향기까지 더해져 시각, 후각의 공감각 정서를 경험할 수 있다.

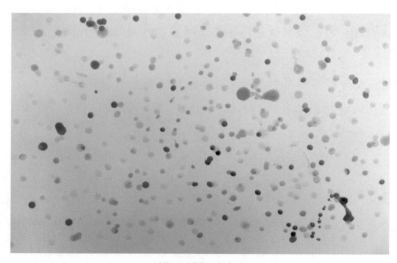

작품 a. **자유로워/F/7**
다양한 색상의 촛농으로 자유롭게 표현하기

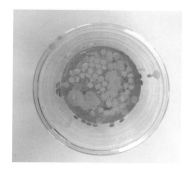

작품 b. **델루나/F/7**

슬픈 감정을 아름다운 눈물 컵으로 표현하기

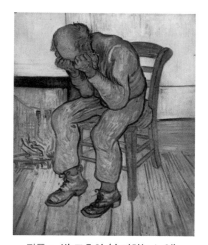

작품 c. **반 고흐의 〈슬퍼하는 노인〉**

작품 d. **리히텐슈타인의 〈절망〉**

작품 e. **피카소의 〈우는 여인〉**

32

회화 | 조소 | 공예 | 판화 | 디자인 | 놀이 | STEAM

인사이드 아웃: 살아 있는 감정 캐릭터

　평소 나의 감정들이 살아 있다면 어떤 모습일까? 각각의 감정 캐릭터는 독특한 특징을 갖고 있을 것이다. 행복한 감정은 밝은 빛을 내고, 슬픈 감정은 색이 적고 어둡게 나타날 수도 있다.
　투명 반구 속에 나의 감정 캐릭터를 표현하며 나의 감정을 시각화, 객관화하는 계기를 가져본다.

대상 및 소요시간

대상: 만 10세 이상, 개인 및 집단
소요시간: 50~60분

목표

정서 탐색 및 인식, 정서 표현

준비물

투명 반구, OHP 필름, 화지, 사인펜, 스티커

방법

▼ 들어가기

① 영화 〈인사이드 아웃〉 영상을 감상하고 이야기 나눈다.

〈인사이드 아웃〉 예고편 영상

② 내 머릿속 감정들이 실제로 살아 있다면 어떤 모습일지 상상해 본다.

▼ 활동하기

① 내 머릿속 감정들의 살아 있는 모습을 떠올리며 나의 감정 캐릭터를 표현한다. 작품 a
② 나의 감정 캐릭터를 투명 반구의 원하는 위치에 배치한 후 주변을 자유롭게 꾸며 본다.
　작품 b

▼ 나누기

① 〈인사이드 아웃〉 영화의 캐릭터처럼 나의 감정들이 살아 있다면 어떨까요?
② 나의 감정들이 살아 있다면 어떤 모습일까요?
③ 나의 주요 감정은 무엇인가요?
④ 다른 친구와 나의 감정 캐릭터는 어떤 점이 비슷하고 다른가요?
⑤ 감정 캐릭터들이 하고 싶은 말이 있다면 무엇일까요?

현장에서의 적용

• 영화의 캐릭터 소개 장면을 감상하며 감정을 캐릭터로 표현하는 작업에 대한 이해를 돕
　는다.

- 각각의 감정 캐릭터가 하고 싶은 말을 언어적으로 표현하는 기회를 제공한다.
- 집단 작업 시, 집단원들이 완성한 작품을 함께 감상하고 감정의 유사성과 차이점을 나누며, 자신과 타인의 감정을 인식하고 이해하도록 돕는다.

참고하세요!

- 감정을 연상한 후 의인화, 상징화하는 작업이 어렵다면, 일상적인 상황을 통해 어떤 감정이 느껴지는지 물어보거나, 그림이나 사진을 활용하여 다양한 표정을 보고 그 표정에 어울리는 감정을 물어보는 활동부터 접근해 본다.
- 다양한 크기의 원형 반구들을 이어 모빌을 제작해 보자. 나의 감정을 동적인 형태로 표현하는 키네틱 아트(kinetic art)가 된다.
- 아동이 주제와 다른 작품을 만들기를 원한다면 제한을 두지 않고 떠오르는 것을 자유롭게 만들도록 지지한다. 작품 c

작품 a. **살아 있는 나의 감정 캐릭터/F/10**

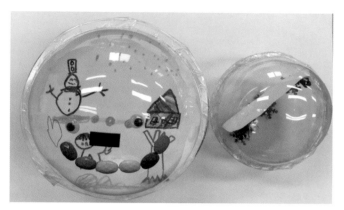

작품 b. **기쁨과 좋음/M/9**

작품 c. **아이스크림 파르페/F/9**

나의 기분을 자유롭게 표현하기

📖 참고문헌

Bartosh, O. P., & Bartosh, T. P. (2020). The effectiveness of various types of psychological correction of anxiety in primary school. *Behavioral Sciences, 10*(1), 20.

Bulut, M., Alemdar, D. K., Bulut, A., & Şalcı, G. (2020). The effect of music therapy, hand massage, and kaleidoscope usage on postoperative nausea and vomiting, pain, fear, and stress in children: A randomized controlled trial. *Journal of PeriAnesthesia Nursing, 35*(6), 649-657.

Carmichael, K. D. (1994). Sand play as an elementary school strategy. *Elementary School Guidance & Counseling, 28*(4), 302-307.

Das, K. (2014). A study to assess the effectiveness of kaleidoscope on pain and behavioral responses among children (4-10 years) during IV cannulation in selected hospital, Coimbatore (Doctoral dissertation, PPG College of Nursing, Coimbatore).

Kallff, D. M. (1991). Introduction to sandplay therapy. *Journal of Sandplay Therapy, 1,* 9-15.

Van Lith, T., Stallings, J. W., & Harris, C. E. (2017). Discovering good practice for art therapy with children who have Autism Spectrum Disorder: The results of a small scale survey. *The Arts in Psychotherapy, 54,* 78-84.

Xu, X., & He, Z. (2021). Cultivation of students' painting appreciation ability based on virtual reality. *Journal of Sensors, 2021.*

Chapter 4

정서 및 행동 조절을 위한 미술치료기법

정서 및 행동 조절(emotional and behavioral regulation)은 정서적 지능과 실행 기능의 중요한 요소로, 정서적 지능은 다양한 감정을 인식하고 표현하는 데 관여하며, 실행 기능은 목표를 설정하고 행동을 조절하는 과정에서 중요한 역할을 한다. 이러한 능력은 아동이 정서적으로 안정되고 사회적으로 적응하며, 학업에서 성취를 이룰 수 있는 기반을 마련해 준다. 이는 아동의 성장과 발달을 지원하는 데 필수적이다.

이번 챕터에서는 아동이 부정적 감정을 안전하게 표현하고, 감정을 조절하고 이완하는 방법을 배우며, 창의적이고 의미 있는 작업을 통해 사고력과 집중력을 향상시키는 다양한 미술치료기법을 소개한다. 이를 통해 아동의 정서 및 행동 조절을 지원하고, 나아가 자기조절 능력을 향상시키고자 한다.

33

| 회화 | 조소 | 공예 | 판화 | 디자인 | 놀이 | STEAM |

에어캡 나쁜 기분 터져라!

토독, 토독! 뽁! 뽁! 소리와 부드러운 감촉의 에어캡을 터트리면서 감정을 마음껏 표출해 보자.
에어캡을 터트릴 때 나는 소리와 감촉은 부정적 정서를 유쾌하게 해소하는 데 효과적이다.
이후 에어캡에 감정을 그리며 감정의 전환과 인식을 경험하도록 한다.

대상 및 소요시간

대상: 만 4세 이상, 개인 및 집단
소요시간: 20~30분

목표

정서 표출 및 해소

준비물

에어캡, 매직, 아크릴 물감, 붓

방법

▼ 들어가기
① 최근 경험한 부정적 감정, 기분에 대해 이야기 나눈다.

▼ 활동하기
① 부정적 감정을 에어캡에 자유롭게 그린다.
② 부정적 감정을 그린 에어캡을 신나게 터트린다. 활동 a
③ 터트린 에어캡 위에 나의 현재 감정을 색과 형태로 표현하고 이야기 나눈다. 작품 a

▼ 나누기
① 최근 경험 중 나쁜 기분이 들었던 일은 무엇인가요?
② 에어캡에 그려진 감정은 무엇인가요? 평소에 자주 경험하는 감정인가요?
③ 에어캡을 터뜨릴 때 어떤 기분을 느꼈나요?
④ 에어캡을 터트리기 전과 후의 감정을 비교할 때 어떤 변화가 있나요?
⑤ 터트린 에어캡 위에 그린 그림에는 어떤 감정이 담겨 있나요?

현장에서의 적용

- 활동 공간을 여유 있게 확보하되, 집단 활동 시에는 충분한 안전 거리를 유지하여 충돌하지 않도록 주의한다.
- 아동이 최근 경험한 부정적 감정을 쉽게 인지하고 표현하도록 돕기 위해, 일상생활에서 아동이 자주 접하게 되는 상황을 예시로 들어 안내한다.
- 에어캡을 터트릴 때 조절이 필요한 순간을 상기하며 행동 조절의 필요성을 자각하도록 돕는다.
- 작품을 함께 감상하며 아동과 감정 변화 과정을 나누어 부정적 정서를 전환하는 방법을 인식할 수 있도록 돕는다.
- 일상에서 부정적 감정이 발생했을 때, 어떻게 대처하고 해결할지 이야기하며, 부정적인 감

정을 안전하게 표현하는 다양한 방법에 대해 함께 이야기한다.

참고하세요!

• 물감이 옷에 튈 수 있으므로 편안한 복장을 미리 공지하고, 비닐 우비나 앞치마, 팔토시 등을 준비하도록 한다.

• 아크릴 물감은 접착력이 좋아 비닐을 포함한 다양한 바탕 매체에 선명한 색감 표현이 가능하다. 또한 빠르게 건조되기 때문에 40~60분씩 진행되는 세션 내에서 사용하기 적절하다.

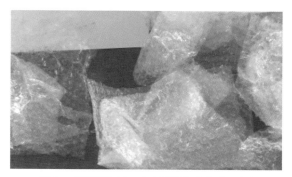

활동 a. 에어캡을 터트리며 부정적 감정 해소하기

작품 a. 에어캡에 감정 표현하기

34

| 회화 | 조소 | 공예 | 판화 | 디자인 | 놀이 | STEAM |

톡톡톡 종이 구겨 찍기

종이를 뭉친 후 물감을 찍어 그림을 그려 보자. 힘을 주어 뭉친 종이는 아동의 감정을 표현하는 훌륭한 도구가 된다. 종이로 찍어 표현하는 과정에서 아동들은 안전하게 감정을 다루고 조절하는 방법을 배울 수 있다

대상 및 소요시간

대상: 만 5세 이상, 개인 및 집단
소요시간: 30~40분

목표

정서 표출, 정서 이완 및 조절

준비물

화지 또는 원하는 모양의 도안, 신문지 또는 다양한 질감의 종이, 물감, 팔레트

방법

▼ 들어가기

① 다양한 질감과 두께의 종이들을 구기고 뭉쳐 보며 종이의 촉감과 손힘의 강도를 탐색한다.

② 마음에 드는 종이 뭉치를 선택해 물감을 묻혀 화지 위에 찍어 모양을 만든다.

▼ 활동하기

① 원하는 모양의 도안을 선택하거나 원하는 주제의 밑그림을 화지에 그린다.

② 다양한 크기의 종이 뭉치를 붓이나 도장처럼 이용해 작품을 꾸며 본다.

▼ 나누기

① 어떤 종이의 질감이 가장 마음에 드나요?

② 종이를 구기고 뭉칠 때, 손힘이 어떻게 변하나요? 어떤 종이가 더 재미있게 뭉쳐지나요?

③ 원하는 모양의 도안이 있나요? 어떤 종이 뭉치를 사용해서 그 도안을 꾸며 보고 싶나요?

④ 어떤 주제로 밑그림을 그리고 싶은가요?

⑤ 작품에는 나의 어떤 감정이 표현되었나요?

⑥ 다른 사람들이 이 작품을 보면 어떤 감정이 전해질 것 같나요?

⑦ 작품의 제목은 무엇인가요?

현장에서의 적용

• 도안을 준비할 때는 아동이 선호하는 캐릭터나 흥미로운 주제를 선택하도록 한다. 나무, 둥근 언덕, 출렁이는 바다 등 친근한 자연을 소재로 접근하는 것도 좋다.

• 종이를 구기고 뭉치는 동안 아동이 손에 전달되는 감촉과 힘의 강도에 집중하도록 유도한다. 작은 감정일수록 부드럽게, 큰 감정일수록 강하게 종이를 구기고 뭉치도록 한다.

• 종이 뭉치로 표현한 작품을 감상하며, 종이 뭉치 크기, 구겨진 정도, 찍는 속도 등이 다를 때 작품의 결과가 어떻게 달라지는지를 관찰한다.

참고하세요!

- 신문지는 구하기 쉽고 다루기 쉬운 질감으로, 다양한 창의적인 작품을 만들기에 적합한 매체이다. 재료
비 부담 없이 자유롭게 작업할 수 있으며, 재활용 측면에서도 새로운 환경을 탐험하는 기회를 제공한다.
- 신문지 외에도 호일, 칫솔, 핑거폼, 도장, 면 등 다양한 재료를 활용함으로써 창의성을 높일 수 있다. 이러
한 다양한 매체의 접근은 독창성을 키우고 자아 표현의 폭을 확장하는 데 도움이 된다.

35

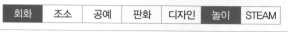

| 회화 | 조소 | 공예 | 판화 | 디자인 | 놀이 | STEAM |

감정 풍선 조절하기

풍선에 감정을 담고 호흡을 통해 풍선의 크기를 조절함으로써 아동은 자신의 감정을 시각적으로 표현하고, 감정을 이해하며 조절하는 능력을 키울 수 있다.

대상 및 소요시간

대상: 만 6세 이상, 개인 및 집단
소요시간: 30~40분

목표

정서 인식 및 표출, 정서 조절

준비물

색풍선, 포스트잇, 매직, 색종이 가루

방법

▼ 들어가기

① 최근 스트레스를 받았던 상황에서 느꼈던 감정을 나눈다.

② 스트레스 상황에서 느꼈던 감정을 원하는 만큼 포스트잇에 적고 몸에 붙인 후, 마음껏 흔들어 털어 낸다. 작품 a

③ 털어 낸 포스트잇을 풍선에 넣기 쉽게 작은 조각으로 찢는다.

▼ 활동하기

① 스트레스 상황에서 느꼈던 감정과 비슷한 색상의 풍선을 선택하고, 풍선에 작은 조각으로 찢은 포스트잇과 색종이 가루를 넣는다.

② 몸 안에 있는 스트레스와 부정적 감정들을 풍선에 힘껏 불어넣은 후, "사라져라!"라고 외치며 풍선을 터트린다. 작품 b 집단 활동으로 진행할 경우, 한 친구가 풍선을 터트리면 나머지 친구들은 축하의 응원과 박수를 보낸다.

③ 풍선을 터트린 후 달라진 기분에 대해 이야기 나눈다.

▼ 나누기

① 최근 가정이나 학교에서 스트레스를 받았던 경험이 있었나요? 그때의 기분은 어떠했나요?

② 몸을 흔들어 포스트잇을 모두 털어 내고 작은 조각으로 찢을 때 어떤 기분이 들었나요?

③ 풍선에 감정을 힘껏 불어넣은 후, 불기 전과 비교해 어떤 감정의 변화를 느꼈나요?

④ 풍선 안의 공기 양을 조절할 때, 불어넣을 때와 뺄 때의 기분 변화에 대해 이야기해 볼까요?

⑤ 풍선을 터트린 후, 풍선 안에 들어 있던 감정들은 어디로 사라졌다고 생각하나요?

⑥ 풍선을 터트리는 활동을 통해 어떤 감정이 들었나요?

⑦ (집단 활동 시) 혼자 풍선을 터트릴 때와 친구들이 함께할 때의 감정 크기에 어떤 차이가 있었나요? 같은 활동을 다시 한다면, 다르게 선택하거나 표현하고 싶은 감정이 있을까요?

현장에서의 적용

- 풍선이 부풀어 오르는 모습을 감정의 크기에 비유하며 상상해 보도록 유도한다. 이를 통해 평소 감정을 표현하고 관리하는 것이 중요하다는 것을 이해할 수 있도록 돕는다(ex. "매번 감정을 참을 때마다 풍선이 커진다고 상상해 보렴. 너무 커져 버린 풍선은 갑자기 터져 버릴지도 몰라.").
- 풍선 속의 공기 양을 조절하며 빼내는 활동은 아동이 감정을 안전하게 다루는 데 도움을 준다. 이 과정에서 풍선의 크기와 공기 조절 양을 감정과 연계하여 다루면, 아동은 상징적이고 인지적인 수준에서 자신의 감정을 이해할 수 있게 된다. 이를 통해 아동은 무언가를 느끼고 그에 맞게 대응하는 법을 배우며, 감정에 대한 효과적인 자기조절 기술을 개발하는 데 도움을 받을 수 있다.
- 풍선을 이용해 감정을 표출한 후, 변화된 기분을 작품 활동과 연계하여 감정 전환의 시간을 제공한다.
- 집단원과 함께하는 풍선 터트리기 활동은 호응과 수용을 경험하게 하며, 타인으로부터의 감정 수용과 함께 감정에 대한 조망 능력을 향상시킨다.

참고하세요!

- 심호흡 기술은 불안 및 스트레스를 완화하고, 감정을 효과적으로 통제하며 이완하는 데 도움이 된다. 심호흡을 통해 감정을 안전하게 표출하고 조절하는 경험을 쌓을 수 있다(Hussin et al., 2020; Jerath et al., 2015; Sellakumar, 2015).
- 풍선 불기가 어려운 아동들은 풍선 펌프를 활용할 수 있다.
- 감각이 민감한 아동의 경우, 풍선 터지는 소리나 과정이 불안 요소가 될 수 있으므로, 터트리기 대신 풍선을 하늘로 날려 안전하게 해소하도록 한다.
- 정서 표현과 조절을 위한 풍선 활용하기
  ① 감정이 담긴 풍선을 놀이 도구로 활용하여 튕기기, 던지기, 소중히 다루기 등을 시도한다.
  ② 부정적 감정을 물과 함께 풍선에 담아 사포 과녁판에 던져 감정을 해소한다.

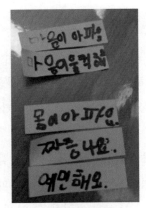

작품 a. 부정적 감정과 스트레스, 원하는 만큼 표현하기/F/10

매 회기 심인성 통증을 호소하고 치료사의 칭찬을 기대하며 형식적인 작업 패턴을 보이던 아동이 이번 회기에서는 한층 적극적인 태도로 활동하였다. 치료사가 스트레스 상황에서의 감정을 생각해 보고 작성해 볼 것을 요청하자, 아동은 여러 장의 포스트잇을 사용하여 자신의 부정적 감정과 스트레스 요인들을 적어 나갔다. 이후 이 감정들의 원인을 하나하나 구체적으로 설명하면서 눈물을 보였다. 특히 엄마와의 다툼이 감정의 주요 원인이었음을 인지한 아동은 이에 대한 해결책으로 엄마에게 편지 쓰는 시간을 가졌다. 편지 쓰기를 통해 아동은 자신의 감정을 정리하고 표현하는 경험을 하였으며, 만족감을 느꼈다. 이어 아동이 더 많은 감정을 경험하고 표출할 수 있도록 풍선에 색종이 가루를 담아 터트리는 활동을 진행하였다. 이를 통해 아동은 감정을 단계적으로 인식하고 표출하는 과정을 경험하였다.

작품 b. 풍선에 부정적 감정을 표현하고 터트리기

36

| 회화 | 조소 | 공예 | 판화 | 디자인 | 놀이 | STEAM |

내 기분 뿌셔 뿌셔

종이컵 탑을 풍선총으로 조준하고 격파하면서 스트레스를 해소해 보자.

아동들은 에너지를 발산하면서 활동적이고 창의적인 스트레스 해소를 경험하게 되며, 이 과정은 정서 발달과 행동 조절 능력을 강화하는 데 도움이 된다.

대상 및 소요시간

대상: 만 5세 이상, 개인 및 집단

소요시간: 20~50분

목표

부정적 정서 표출, 스트레스 해소, 정서 및 행동 조절

준비물

풍선, 플라스틱컵, 종이컵, 매직, 마시멜로, 가위, 테이프

방법

▼ 들어가기

① 최근 경험한 부정적 감정이나 기분에 대해 이야기 나눈다.

② 없애고 싶은 기분을 격파할 풍선총의 색상을 선택하고, 총알로 사용할 재료들을 탐색한다.

▼ 활동하기

① 4~5개의 종이컵에 없애고 싶은 감정을 표정으로 그린다. 작품 a

② 플라스틱컵의 입구에 풍선을 잘라 씌우고 묶어 풍선총을 만들고 자유롭게 꾸민다. 작품 b

③ 종이컵을 탑처럼 쌓고, 풍선총에 총알 재료를 넣은 후 풍선 매듭을 잡아당겨 조준 후 쓰러트린다. 작품 c

④ 활동 전후로 변화된 기분을 종이컵에 그리고 마시멜로를 담아 표현한다.

▼ 나누기

① 종이컵에 그린 표정은 어떤 감정인가요? 감정을 느낀 상황이나 원인이 무엇이었나요?

② 종이컵 탑을 격파했을 때 기분이 어땠나요? 종이컵에 그려진 감정들은 어떻게 되었나요?

③ 풍선총 격파가 잘되지 않았을 때 어떤 감정을 느꼈나요? 어떤 방법을 사용하여 극복하였나요?

④ 종이컵에 그린 감정의 변화를 살펴볼까요?

⑤ 마시멜로를 담았을 때 감정은 어떠한가요?

현장에서의 적용

• 표정 그림이나 활동 결과물에 담긴 감정의 배경에 대해 이야기 나눈다. 왜 그런 감정을 선택했는지, 어떤 상황에서 느꼈는지에 대한 이야기를 유도한다.

• 실제 표정을 지어 보거나 감정 맞추기 게임을 통해 아동이 종이컵에 그린 감정을 더 잘 이해할 수 있도록 도움을 준다. 이를 통해 감정 표현의 다양성을 확장할 수 있다.

• 실패와 재도전에 대한 대화를 통해 아동이 어려움에 대처하는 과정에서 어떤 점을 느꼈는

지 이야기 나누며 자기효능감을 향상시킬 수 있도록 도움을 준다.

- 풍선총 쏘기나 종이컵 격파 과정에서 발생한 문제를 물어보고, 이를 해결하기 위해 사용한 방법이나 기술을 공유하도록 유도한다.
- 미리 연습하거나 재도전할 기회를 제공하여 문제 해결 능력을 강화할 수 있도록 돕는다.
- 활동 중 욕을 하는 등의 부적절한 표현이 있을 경우, 감정의 원인을 탐색하고, 건강한 방법을 찾도록 돕는다.
- 종이컵에 그린 다양한 감정과 그 변화를 확인하고, 어떤 경험이 감정 변화에 기여했는지 함께 점검한다.
- 감정 변화와 마시멜로의 의미에 대해 탐색한다. 아동이 그림과 마시멜로를 통해 무엇을 표현하고자 했는지를 묻고, 이를 통해 감정 인식과 조절의 의미를 고찰하도록 유도한다.

참고하세요!

- 종이컵에 그림을 추가하거나 각 컵에 번호를 매겨 어떤 순서로 격파할지 정하는 등의 다양한 활동을 추가하여 참가자들에게 더 많은 재미를 제공할 수 있다. 또한 팀을 구성하여 종이컵 탑을 만들고 협동과 팀워크를 강화할 수 있다.
- 활동에 음악이나 흥미로운 배경 소리를 추가하여 참가자들이 더 몰입할 수 있도록 도울 수 있다.
- 풍선총의 총알은 격파 가능한 강도와 부피, 안전성이 높은 재료를 중점으로 선택한다. 마시멜로나 구긴 종이, 종이컵을 겹쳐 사용하여 안전하면서도 효과적인 총알을 만든다.
- 격파 성공 시 마시멜로를 보상으로 활용하면 아동들의 적극적인 활동 참여를 유도할 수 있다. 보상은 행동 강화에 효과적이지만, 물질적 보상은 초반에만 활용하고 성취와 같은 내적 보상으로 연결하여 지속적인 참여를 유도한다.
- 풍선총 격파를 위해 여러 가지 방법을 시도하고 성공해 나가는 과정은 창의적 사고, 문제 해결 능력, 자기효능감을 향상시키는 데 효과적이다.

작품 a. **종이컵에 감정을 표정으로 그려 보기**

작품 b. **풍선총 만들기**

작품 c. **감정탑을 쌓은 후 격파하기**

37

| 회화 | 조소 | 공예 | 판화 | 디자인 | 놀이 | STEAM |

신문지 감정 쿠션

신문지는 가벼우면서도 쉽게 구할 수 있는 재료로 다양한 신체놀이에 적합하다. 찢기, 구기기, 격파하기 등의 활동을 통해 아동들은 정서를 다양하게 체험하고 이해할 수 있다. 더불어 신문지를 부드러운 쿠션이나 인형으로 변형하는 과정은 정서 안정과 조절 능력을 향상시키는 경험을 제공한다.

대상 및 소요시간

대상: 만 5~6세 이상, 개인 및 집단
소요시간: 40~60분

목표

부정적 감정 표출, 스트레스 완화, 정서 조절

준비물

신문지, 매직, 박스 테이프, 꾸미기 재료, 가위, 접착제

방법

▼ 들어가기

① 힘들었던 경험이나 부정적 감정을 신문지에 낙서한다.

② 낙서한 신문지를 활용해 찢기, 구기기, 격파하기, 신문 더미에 눕기 등 다양한 놀이를 한다.

▼ 활동하기

① 봉투처럼 접은 신문지에 찢은 신문지 조각들을 원하는 만큼 채워 넣는다.

② 봉투를 밀봉하고, 다양한 재료를 활용하여 감정 쿠션으로 꾸민다.

③ 완성된 감정 쿠션을 격파하거나 다른 방식으로 활용한다.

▼ 나누기

① 낙서 및 낙서한 신문지를 활용한 놀이를 하면서 어떠한 감정들을 경험하였나요?

② 감정 쿠션을 꾸미는 과정에서 사용한 재료나 색상은 무엇이었나요? 이것들이 감정을 어떻게 나타내는 데 도움이 되었나요?

③ 감정 쿠션을 만들면서 어떠한 감정이나 생각이 들었나요?

④ 완성된 감정 쿠션을 일상에서 어떻게 활용할 수 있을까요?

⑤ 부정적 감정이 발생했을 때 조절하고 해소하는 다른 방법은 무엇일까요?

현장에서의 적용

• 감정 표출 시 활동에 방해되는 물건이 없도록 충분한 공간을 마련하여 안전에 유의한다.

• 아동이 신문지를 활용한 놀이를 할 때, 감정을 어떻게 표출하고 감정이 행동으로 처리되는 패턴들을 세심히 관찰한다. 쿠션을 만들 때에도 아동의 정서적인 처리 방식을 확인하고 쿠션을 다루는 방식에 주목한다(ex. 격파 방식, 테이프 사용 정도, 쿠션의 크기, 쿠션을 다루는 방식 등). 이후 세션에서는 아동의 특성에 맞춰 정서 및 행동 조절 전략을 계획한다.

• 공격성이 있거나 에너지 수준이 높은 아동은 쿠션을 펀치볼로 사용하여 격파하거나, 축구공을 활용하여 게임을 하는 등의 방법으로 정서 표출 및 정서 조절의 경험을 제공한다.

- 집단 작업 시, 신문지 쿠션을 밀봉하거나 찢은 신문지를 처리하는 과제를 함께 해결하도록 독려함으로써 또래 관계를 강화할 수 있다.
- 아동과 함께 활동과정에서 경험한 감정을 나누고, 이를 통해 감정 변화를 이해하도록 돕는다.

참고하세요!

- 감정 쿠션은 아동들의 내재된 정서 문제를 외현화하는 수단으로 효과적이다. 아동들은 쿠션을 통해 자신의 감정을 표출하고 표현함으로써, 그 감정을 시각적으로 나타내고 공감하는 기회를 얻을 수 있다.
- 자신의 감정을 적절하게 인식하거나 표현하는 데 어려움이 있는 아동은 정서를 탐색하고 표현하는 과정에서 수줍음, 분노, 죄책감, 자기비난 등을 경험하며 참여를 회피할 수 있다. 이때 인형이나 의자와 같은 중간 대상을 활용하여 활동 시범을 보이거나 3인칭 화법을 사용하여 간접적으로 개입하여 활동을 유도할 수 있다.

38

| 회화 | 조소 | 공예 | 판화 | 디자인 | 놀이 | STEAM |

발바닥 챌린지

다양한 색상과 모양의 도형들을 정해진 규칙에 맞춰 따라가며 미션을 수행하자.
아동은 미션 내용을 기억하고 실행함으로써 집중력과 조절 능력을 향상시킬 수 있다.

대상 및 소요시간

대상: 만 4세 이상, 개인 및 집단
소요시간: 30~40분

목표

규칙 익히기, 집중력 향상, 행동 조절

준비물

색지, 매직, 가위, 테이프, 콜벨

방법

▼ 들어가기

① 바닥에 준비된 색상별 도형을 활용하여 특정 색상 찾기, 발로 특정 도형을 찾아 터치하기 등의 워밍업 게임을 진행한다.

▼ 활동하기

① 본격적인 게임을 위해 바닥에 부착할 색상별 도형이나 발바닥 모형을 추가 제작한다.
② 바닥에 다양한 색상 도형과 발바닥 모형을 붙여 게임판을 완성한다. 활동 a
③ 완성된 바닥에서 다양한 미션을 수행하며 게임을 진행한다.

▼ 나누기

① 미션 도중에 특히 어려웠거나 집중해야 했던 순간이 어떤 부분이었나요? 어떤 도형을 밟을 때 고민이 많았던 것 같아요?
② 어떤 도형이나 발바닥의 특정 부분을 활용한 창의적인 미션을 제안해 보세요.

현장에서의 적용

- 시작점에서 출발해 미션에 따라 모양 밟기를 하고 도착하면 콜벨을 눌러 완료하는 등의 규칙을 설정한다.
- 집단 활동 시, 치료사와 아동 또는 집단원 간에 서로 발바닥 본뜨기를 하면서 친밀감을 형성하고 상호작용에 도움을 줄 수 있다.
- 아동이 수행 가능한 난이도로 미션을 설정하여, 행동 조절 능력을 점진적으로 향상시킨다 (ex. 빨간색 한 발, 이어서 노란색 한 발 터치→동그라미 한 발, 이어서 세모를 두 발에 걸쳐 터치→빨간 동그라미 한 발, 이어서 파란 세모를 두 발에 걸쳐 터치→앞선 미션들을 포함하면서, 이어서 발바닥 모양을 손으로 터치).
- 집단 활동에서는 릴레이 배턴 터치 방식으로 집단 참여를 높이고, 친구들의 미션 활동을 응원하며 상호작용을 증진시킨다.

> ### 참고하세요!
>
> • 바닥에 붙이는 도형은 훼손 방지를 위해 코팅지로 마무리하면, 아동이 여러 번 미션을 수행해도 오랜 기간 사용 가능하다. 양말을 신으면 미끄러울 수 있으니 주의한다.
> • 초반에는 치료사가 미션을 제시한 후, 아동들의 주도적 활동으로 전환하면 동기가 부여되어 더욱 즐거운 참여가 가능하다. 이때 아동들은 무모한 미션을 제시할 수 있으므로 2~3개로 제한하고 적절한 수행 기준을 마련해 준다.
> • 집단 활동 시, 상호 간 즐거운 경쟁을 위해 발바닥 모양에 랜덤으로 게임 미션을 추가해 적어 본다.

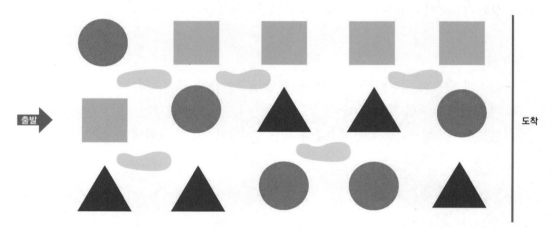

활동 a. 도형 사이에 발바닥 붙이기

39

| 회화 | 조소 | 공예 | 판화 | 디자인 | 놀이 | STEAM |

우드락 퍼즐 놀이

우드락으로 나만의 퍼즐 조각을 만들어 맞춰 보자.

부정적 감정들이 표현된 우드락이 격파될 때 소리와 쾌감을 경험할 수 있다. 이는 아동들이 자신의 감정을 즐겁게 표출하고 안전하게 다룰 수 있는 경험이 된다. 또한 격파된 우드락을 다시 조립하는 과정을 통해 감정에 대한 조절 방법을 발견할 수 있다.

대상 및 소요시간

대상: 만 7세 이상, 개인 및 집단

소요시간: 40~50분

목표

감정 인식 및 표출, 감정 조절

준비물

우드락, 매직, 볼펜, 칼

방법

▼ 들어가기
① 없애고 싶은 부정적 감정과 생각들을 우드락 한쪽 면에 자유롭게 표현한다.

▼ 활동하기
① 부정적 감정이 표현된 우드락을 격파하거나 잘라 여러 개로 조각낸다.
② 격파된 우드락 조각들을 다시 모아 퍼즐로 조립하여 원래 판형대로 맞춘다. 작품 a
③ 퍼즐이 완성된 뒤, 각 조각의 뒷면에는 변화된 감정을 표현하는 방법이나 감정을 조절하
   는 전략을 기록한다.

▼ 나누기
① 어떤 감정을 표현하고 싶었나요? 왜 그런 감정을 선택했나요?
② 우드락을 격파하고 조각낼 때 어떤 느낌이 들었나요? 무엇을 생각했나요?
③ 격파된 우드락 조각을 다시 하나의 판형으로 맞추면서 어떤 감정의 변화가 있었나요? 각
   조각이 어떤 이야기를 담고 있는 것 같았나요?
④ 퍼즐 조각의 뒷면에 변화된 감정을 표현하는 방법을 적어 보세요. 왜 그 방법을 선택했나요?
⑤ 이 활동을 통해 어떤 것을 느꼈나요? 어떤 새로운 것을 배웠나요?
⑥ 초반과 비교할 때 감정은 어떻게 변화했나요?
⑦ 우드락을 다루는 동안 자신의 감정에 대해 어떻게 느꼈나요?

현장에서의 적용

• 우드락을 격파한 후, 깊게 숨을 들이마시고 천천히 내쉬며 감정을 정리하고 멈추어 생각할
  기회를 제공한다.
• 부정적 감정 그리기 → 격파하기 → 조각 퍼즐 맞추기의 과정에서 감정이 해체되고 재정리
  되는 과정에서 느꼈던 감정 변화를 언어로 표현함으로써 감정을 더 잘 이해하고 인지하도
  록 돕는다.

• 다양한 감정들을 표출하는 안전하고 건강한 방식들에 관해 나눈다.

참고하세요!

• 우드락 대신 종이가 접착된 폼보드를 사용할 수도 있다. 단, 폼포드는 손으로 조각내기 어려우므로 치료사의 지도하에 칼을 이용해 조각내도록 한다.

• 우드락 3T는 칼 사용 없이 자(금속, 플라스틱), 볼펜을 이용해 절단할 수 있다.

• 퍼즐 조각의 크기, 모양을 비교하거나 조각을 맞추며 크기나 모양, 수 개념 등을 탐구하고 학습할 수 있다.

• 퍼즐은 정서적 측면에서 불안을 감소시키고, 인지적 측면에서 상황 판단력과 공간 탐구력을 향상시키며, 기억력을 증진시키는 데 효과적이다(Dewi et al., 2020; Islaeli et al., 2020; Levine et al., 2012; Panzilion et al., 2021).

작품 a. **밤하늘에 이글루/F/10**

우드락 조각들을 화지 안에 맞춰 배열하고 꾸미기

40

회화	조소	공예	판화	디자인	놀이	STEAM

딱지치기

딱지로 재미있는 놀이를 만들어 보자.

딱지를 접고 게임하는 과정에서 아동들은 상호 간의 경계를 구분하고 순서를 기다리는 등 규칙을 이해하며 행동을 조절하는 능력을 키울 수 있다. 뿐만 아니라, 게임에 몰입함으로써 즐거움을 내면에 경험하게 된다.

대상 및 소요시간

대상: 만 5세 이상, 개인 및 집단
소요시간: 30~40분

목표

규칙 익히기, 눈-손 협동 능력 향상, 감각적 인지, 자기조절 능력 향상

준비물

화지, 매직, 스티커

방법

▼ 들어가기

① 딱지치기 대결 시 지켜야 할 규칙을 함께 정한다.

② 딱지치기 대결을 기록할 수 있는 점수판을 그린다.

▼ 활동하기

① 2장의 화지로 딱지를 접고, 나를 상징하거나 좋아하는 그림을 그린다.

② 5개의 딱지를 만들고, 앞면을 구분하기 위해 스티커를 붙인다.

③ 가위바위보로 순서를 정하고 딱지치기를 진행한다.

④ 딱지치기 점수판에 승패에 따라 스티커를 붙여 기록한다.

⑤ 게임을 마친 후 활동에 대해 이야기 나누고, 규칙을 잘 지켰는지 이야기해 본다.

▼ 나누기

① 딱지에 그린 그림은 무엇인가요?

② 상대방의 딱지를 뒤집었을 때, 내 딱지가 뒤집혔을 때 어떤 기분이 들었나요?

③ 딱지치기 중에 감정이 고조될 때, 어떻게 스스로를 진정시켰나요?

④ 오늘 활동 중 가장 잘 지킨 규칙은 무엇인가요?

현장에서의 적용

• 활동 시작 전, 함께 딱지치기 게임의 규칙을 정하며 건강한 경계와 조절을 위한 환경을 구조화한다.

• 모서리 맞추기, 종이 접는 강도, 난이도 적응 등 딱지 접기 과정에서 아동의 발달 정도를 확인하고, 처음 시도하는 아동에게는 모델링을 통해 딱지 접기를 보여 주어 집중력을 돕는다.

• 게임 결과가 나올 때마다 점수판에 스티커로 기록하고, 잘 지킨 규칙을 상기시켜 아동의 행동 조절 및 감정을 관리하는 데 도움을 준다.

• 활동 후 게임을 통해 무엇을 배웠는지, 어떤 감정을 느꼈는지를 함께 이야기한다. 이를 통

해 아동은 경험을 내면화하고 자신의 성장에 대한 인식을 높일 수 있다.

참고하세요!

- 바둑판이 그려진 화지에 딱지 모양에 맞춰 색상을 채워 나가는 활동은 상호 모방 훈련이 필요한 자폐 아동에게 효과적일 수 있다. 이를 통해 시각적 정보를 받아들이고 모방하는 능력과 색상을 선택하고 적용하는 능력을 함양할 수 있다. 활동자료 a
- 아동의 연령과 기질, 에너지 수준에 따라 딱지의 크기와 사용되는 종이를 선택하여 다양한 경험을 제공한다.
- '공 주고받기'도 상대방이 준비될 때까지 기다리며, 눈을 마주 보고 정확하게 손에 공을 던지는 활동으로 눈-손 협동 능력과 감각적 인지 능력을 향상시키는 데 효과적이다.

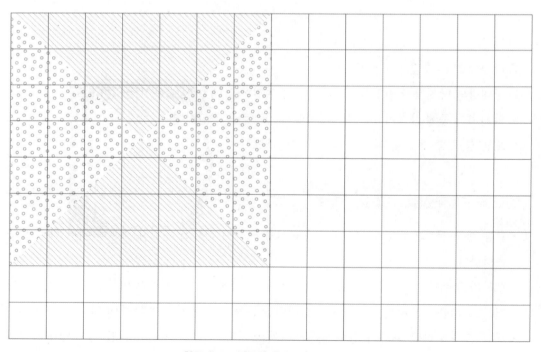

활동자료 a. 바둑판에 딱지 따라 그리기

〈워크시트: 딱지 보드〉
딱지치기 대결 후, 스티커를 붙여 보세요.

딱지치기 점수판

이름	1	2	3	4	5

오늘 잘 지킨 규칙 적어 보기

1

2

3

41

회화　조소　공예　판화　디자인　놀이　STEAM

내가 직접 운전해요
(전행동 자동차)

전행동 자동차의 운행 원리를 이해하고 직접 주행해 보는 활동으로, 아동들은 선택과 결정이 행동을 어떻게 조절하는지를 쉽게 체험할 수 있다. 핸들을 움직이면 경로가 변하는 것을 알게 되고, 목표를 달성하기 위해 계획하고 실행하는 방법을 경험한다. 이를 통해 주도적 선택과 결정이 행동을 어떻게 조절하는지를 이해할 수 있다.

대상 및 소요시간

대상: 만 10세 이상, 개인 및 집단
소요시간: 40~50분

목표

목표 설정 및 실행 능력 향상, 사고력 향상, 자기조절 능력 증진

준비물

모형 자동차, 자동차 구조도 활동자료 a, 우유팩, 모형 자동차 바퀴 세트, 사인펜, 가위, 접착제, 양면테이프, 폼폼이, 비즈 등 꾸미기 재료

방법

▼ 들어가기

① 모형 자동차를 손으로 밀어 보거나, 바퀴를 돌려 보며 차량의 움직임을 관찰하고, 자동차 구조도를 보며 운행 원리를 확인한다. 활동자료 a

② 내가 운전하고 싶은 자동차의 색상과 모양을 생각한다.

▼ 활동하기

① 우유팩에 자동차 바퀴를 부착하고 꾸미며, 나만의 전행동 자동차를 만든다. 작품 a

② 자동차 주행으로 달성할 목표나 미션을 설정한다.

③ 완성한 자동차를 직접 손으로 밀며, 목표를 향해 주행한다.

④ 전행동 자동차를 만들고 주행하면서 알게 된 점을 평소 자신의 목표 설정 및 실행 모습에 어떻게 적용할 수 있을지 이야기 나눈다.

▼ 나누기

① 자동차를 만들 때 어떤 색상과 디자인을 적용하였나요?

② 주행 시 어떤 목표를 달성하려고 했나요?

③ 주행 중 어려운 상황이 있었나요? 원인이 무엇이었나요? 어떻게 대처했나요?

④ 전행동 자동차 만들기와 주행을 통해 무엇을 배웠나요?

⑤ 평소 나의 행동 중 바꾸고 싶은 것이 있나요? 어떤 모습으로 변화하고 싶나요?

⑥ 나의 행동이 변화하기 위해서는 어떤 것을 선택하고 행동하면 될까요?

⑦ 자동차의 이름은 무엇인가요?

현장에서의 적용

• 아동이 자동차 주행으로 달성할 목표나 미션을 설정하는 과정을 돕는다. 예를 들어, 정해진 경로를 통해 자동차를 효과적으로 조작하는 것이 목표가 될 수 있다. 주행 환경을 다양화하거나, 장애물 통과 또는 특정 동작 수행과 같은 도전적 요소를 추가할 수도 있다.

- 주행 활동을 할 때 어떤 어려움이 있었는지, 어떤 즐거운 순간이 있었는지 등을 기록해 본다. 향후 개선할 부분도 생각해 본다.
- 주행 시 느낀 감정이나 생리적 반응을 찾아보고, 그것이 어떤 의미를 갖는지 치료사와 함께 탐색한다.

참고하세요!

- 가는 빨대에 바퀴 지지대를 통과시켜 바퀴가 자유롭게 회전할 수 있도록 한다.
- 자동자 바퀴 세트는 바퀴와 지지대가 분리되는 것으로 준비하면 여러 용도로 활용 가능하다.
- 전행동(total behavior)은 인간이 생각하고 느끼고 활동하고 생리적으로 반응하는 모든 것을 의미한다.
- 현실치료(reality therapy)는 윌리엄 글래서(William Glasser, 2010)의 선택이론(choice theory)에 근거한 상담기법으로 개인이 전행동을 변화시킬 때 완전한 통제를 할 수 있다고 본다. 이 상담기법은 개인의 행동, 사고를 중심으로 먼저 변화하면, 감정이나 생리작용도 변화한다고 본다.
- 전행동 자동차는 현실치료의 WDEP 치료모델을 기반으로 한 활동으로, 아동이 자신의 소망이나 욕구를 이루기 위해 어떤 행동이 가장 효과적인지를 깨닫도록 도움을 준다. 바람 파악하기(Want) → 현재의 행동과 지향 살펴보기(Direction and Doing) → 현재의 행동 평가하기(Evaluation) → 행동을 계획하고 실천하기(Plan)의 단계로 접근할 수 있다.

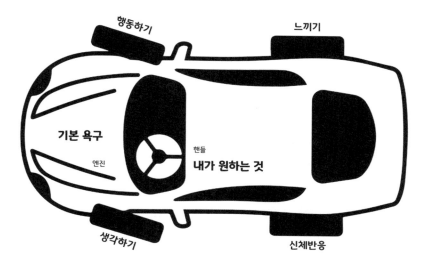

내 행동은 내가 원하는 대로 바꿀 수 있어요

활동자료 a. 글래서(2010)의 선택이론을 비유한 전행동 자동차의 구조도
출처: Glasser와 Glasser(1989)의 기본 자동차 모형과 바퀴 4개 구조에 Scott(2006)의 추가 요소 병합함.

작품 a. 나의 전행동 자동차(크리스마스 캠핑카/F/9, 캠핑카/F/9, 달콤바나나/F/9)

42

| 회화 | 조소 | 공예 | 판화 | 디자인 | 놀이 | STEAM |

내 마음의 신호등

나의 마음속 신호등을 상상해 보자. 신호등의 각 색상은 나의 감정을 나타낸다.

신호등의 색상을 나의 선택과 행동에 따라 변화시키며, 자기조절 능력과 능동적인 실행력을 키울 수 있다.

대상 및 소요시간

대상: 만 10세 이상, 개인 및 집단

소요시간: 30~40분

목표

감정 인식 및 이해, 자기조절력 향상

준비물

수수깡, 사인펜, 핀, 테이프

방법

▼ 들어가기

① 아동이 일상에서 어떻게 감정을 경험하고 이해하는지를 함께 공유한다.
② 감정을 다양한 색상의 신호등 불빛으로 표현한다면 어떤 감정과 색상일지 생각해 본다.

▼ 활동하기

① 선택한 색상의 수수깡을 활용해 감정을 나타내는 신호등을 만든다. 작품 a
② 작품을 만든 후에는 신호등의 각 색상이 어떤 감정을 의미하는지, 왜 그 색상을 선택했는
   지를 나눈다.

▼ 나누기

① 이 색상은 나의 어떤 감정을 나타내나요? 어떤 상황에서 이 감정을 느꼈나요?
② 내 감정을 신호등처럼 확인할 수 있다면, 어떤 이점이 있을까요?
③ 사람들이 감정 신호등을 따르지 않는다면 어떤 문제가 발생할 수 있을까요?
④ 신호등에 경고 색상이 켜졌을 때 어떤 조치를 취할 수 있을까요?

현장에서의 적용

• 아동이 만든 수수깡 신호등의 색상과 해당 감정의 의미를 확인한다. 평소에 해당 감정을
  행동으로 표출했는지에 대한 질문을 통해, 아동의 행동 조절 과정을 탐색한다.
• 완성한 신호등을 활용하여 아동이 더 건강한 감정을 선택하도록 전환하는 행동을 상황극
  에서 연습한다. 아동은 다양한 방식으로 감정을 표현하고, 원하는 감정으로 전환하는 연습
  을 통해 자기조절 능력을 향상시킬 수 있다.
• 작품을 만들 때 추가하거나 교체한 신호등 불빛 색상이 있었다면, 어떠한 감정 변화로 선
  택한 것인지 이야기 나눈다.

참고하세요!

• 감정 신호등을 활용해 타임아웃을 시행해 보자. 활동자료 a 자기조절력과 문제 해결 능력을 향상시킬 수 있다.

  ① 행동 및 감정이 과잉될 때, 빨간색에서 잠시 멈춰 감정을 가라앉히기

  ② 감정이 완화될 때 노란색으로 이동해 어떤 일 때문에 화가 났는지 생각하기

  ③ 초록색으로 이동해 화내지 않고, 차분하게 나의 마음 표현하기

• 상징 표현이 어려운 저학년 아동은 실제 경험 사례를 표현하여 상황에 대해 인식하는 기회를 제공할 수 있다. 작품 b

멈추고, 감정 이완하기   나의 마음 생각하기   나의 마음 표현하기

활동자료 a. 감정 신호등

작품 a. 다양한 색상의 마음 신호등

작품 b. **실제 상황 속 마음 신호등**

📖 참고문헌

권석만(2012). 현대심리치료와 상담이론: 마음의 치유와 성장으로 가는 길. 서울: 학지사.

Dewi, D. R., Lestari, A., & Vellyana, D. (2020, July). *The Effect of Therapy Containing Puzzle on Decreasing Anxiety of Hospitalized Children Aged 3~6 Years*. In 1st International Conference on Science, Health, Economics, Education and Technology (ICoSHEET 2019) (pp. 413-415). Netherlands: Atlantis Press.

Glasser, N., & Glasser, W. (1989). *Control theory in the practice of reality therapy: Case studies* (p. 10). New York: Harper & Row.

Glasser, W. (2010). *Choice Theory*. New York: Harper Collins.

Hussin, U. R., Mahmud, Z., & Karim, D. N. F. M. (2020). Psychoeducation group counselling for emotional intelligence among secondary school female students. *Journal of Counseling, Education and Society, 1*(2), 53-57.

Islaeli, I., Yati, M., & Fadmi, F. R. (2020). The effect of play puzzle therapy on anxiety of children on preschooler in Kota Kendari hospital. *Enfermería Clínica, 30*, 103-105.

Jerath, R., Crawford, M. W., Barnes, V. A., & Harden, K. (2015). Self-regulation of breathing as a primary treatment for anxiety. *Applied Psychophysiology and Biofeedback, 40*(2), 107-115.

Levine, S. C., Ratliff, K. R., Huttenlocher, J., & Cannon, J. (2012). Early puzzle play: A predictor of preschoolers' spatial transformation skill. *Developmental Psychology, 48*(2), 530.

Panzilion, P., Padila, P., & Andri, J. (2021). Intervention of numbers puzzle against short memory mental retardated children. *JOSING: Journal of Nursing and Health, 1*(2), 41-47.

Scott, V. M. (2006). Towards a quality of life: a choice theory curriculum for at-risk youth. Doctoral dissertation, University of Northern British Columbia.

Sellakumar, G. K. (2015). Effect of slow-deep breathing exercise to reduce anxiety among adolescent school students in a selected higher secondary school in Coimbatore, India. *Journal of Psychological and Educational Research (JPER), 23*(1), 54-72.

Chapter 5

자존감 향상을 위한
미술치료기법

아동은 미술활동을 통해 감정을 표현하고 창조적으로 자아를 표출함으로써, 자기이해와 수용 능력을 증진시킬 수 있다. 미술을 통한 표현은 아동이 감정과 경험을 시각적으로 나타내는 방법으로, 이를 통해 자아인식을 강화하고 내면의 욕구와 감정을 안전하게 표현하는 능력을 갖출 수 있다.

또한 미술치료에서의 성취감과 긍정적인 피드백은 아동의 자존감을 높이며, 창조적인 문제 해결과 소통 능력을 향상시킨다. 이러한 긍정적인 경험과 자기이해는 아동의 긍정자원을 강화하고 성장에 도움을 주며, 자아를 발전시키는 수단으로 작용한다.

이번 챕터에서는 아동의 자존감 향상을 돕는 다양한 미술치료 프로그램을 소개하고자 한다.

43

| 회화 | 조소 | 공예 | 판화 | 디자인 | 놀이 | STEAM |

잡지 콜라주
(내가 진짜 원하는 것은?)

잡지 속 사진과 문장을 사용해 콜라주 작품을 만들어 보자. 완성된 작품 안에서 아동의 욕구와 생각을 확인할 수 있다. 선택한 잡지 속 사진과 문장들은 아동의 마음을 시각적으로 표현하는 수단으로 작용하며, 이를 통해 아동의 자아 인식이 높아지게 될 것이다.

대상 및 소요시간

대상: 만 9세 이상, 개인 및 집단
소요시간: 40~50분

목표

내면의 욕구 탐색, 자기인식 및 이해

준비물

화지, 잡지, 크레파스, 사인펜, 가위, 풀

방법

▼ 들어가기

① 만약 나에게 하루의 시간밖에 남지 않았다면, 어떤 순간을 선택하고 싶을까를 주제로 다양한 이야기를 나눠 본다.

② 무엇을 하고 싶은지, 함께하고 싶은 소중한 사람은 누구인지 등을 고민해 본다.

▼ 활동하기

① 잡지 속에서 마음에 드는 사진이나 문장을 자유롭게 잘라 화지에 꾸며 본다.

② 화지 뒷면에 그림이나 문장을 통해 나타내고 싶은 생각이나 메시지와 제목을 적어 본다.

작품 a

▼ 나누기

① 하루의 시간만 남아 있다면 꼭 하고 싶은 일은 무엇인가요?

② 함께하고 싶은 소중한 사람은 누구인가요? 그 사람과 함께 있는 순간에 대한 감정을 표현해 보세요.

③ 선택한 사진이나 문장은 무엇인가요? 그것을 선택한 이유가 있나요?

④ 선택한 순간이 나에게 특별한 이유를 생각해 봅시다. 그 순간은 어떤 가치나 의미가 있나요?

⑤ 작품의 제목은 무엇인가요?

⑥ 작품에 담은 메시지가 현재의 나 자신에게 무슨 의미를 지니는지에 대해 생각해 봅시다.

현장에서의 적용

• 잡지 속에서 사진이나 문장을 선택할 때, 아동이 자신의 감정과 이야기를 담을 수 있는 것을 찾도록 돕는다.

• 화지 위에 붙인 이미지들의 배치, 크기, 표현된 주제 등을 주의 깊게 살펴보면, 아동의 내면 상태와 욕구 정도를 파악할 수 있다. 이를 통해 아동의 감성과 관심사를 세밀하게 이해하고, 작품이 전달하는 메시지 이외에도 아동의 마음을 더 깊이 이해할 수 있도록 돕는다.

• 완성된 콜라주 작품을 감상하면서, 질문을 통해 아동이 자신의 욕구를 알아보고 현재의 자아를 이해할 수 있도록 돕는다. "이 작품에서 어떤 이미지가 가장 마음에 드나요? 그 이미지를 선택한 이유가 무엇인가요?"와 같은 질문을 통해 아동의 선택과 그 안에 담긴 의미를 함께 탐색하고 이해할 수 있다.

참고하세요!

• 콜라주는 사실적인 표현에 대한 부담을 덜어 주고, 아동들의 흥미를 유발하여 긴장을 완화하는 데 활용될 수 있다.
• 콜라주를 통해 아동들은 자아를 발견하고 정서적으로 성장하는 과정을 경험할 수 있다. 자신의 선택과 조합을 통해 감정을 표현하고 이해함으로써 자아의식을 향상시킬 수 있다.
• 콜라주 매체로 다양한 분야와 주제의 잡지를 준비하면 아동이 자신의 내면을 파악하고 표현하는 데 도움을 줄 수 있다.

작품 a. 박○○의 하루/F/10

평소 자신의 가정 분위기와 상황에 대한 부정적 감정이 많았던 아동이 표현한 잡지 콜라주 작품이다. 아동은 마음에 드는 이미지를 모두 잘라 쌓아 놓은 후, 8절 화지에 넘치도록 붙이고 큰 만족감을 보였다. 아동은 잡지 이미지에서 평소 가지고 싶거나 먹고 싶은 것 등을 콜라주로 간접 표현하면서, 적극적으로 탐색한 미충족된 내면 욕구를 확인하고 자기를 인식 · 이해하게 되었다.

44

회화 | 조소 | 공예 | 판화 | 디자인 | 놀이 | STEAM

내 머릿속 생각은?

　머릿속에 존재하던 미묘한 생각들이 시각적으로 표현된다면, 아동들은 자기 자신을 더 명확하게 이해할 수 있을 것이다. 좋아하는 것과 싫어하는 것, 일상적인 행동양식 등을 우선순위에 따라 색이나 크기로 구분한 시각적 표현은 아동들이 자신을 더 구체적으로 탐색하고 인식하도록 한다.

　이러한 시각화에서 밀가루 매체의 활용은 감정의 이완과 사고의 유연함을 촉진하며, 자연스러운 자기표현을 향상시킬 수 있다.

대상 및 소요시간

대상: 만 8세 이상, 개인 및 집단
소요시간: 30~50분

목표

자기탐색 및 인식, 자기표현

준비물

뇌 구조 도안, 믹싱볼, 밀가루, 물감

방법

▼ 들어가기

① 뇌 구조 도안을 살펴보며 평소 어떤 생각들이 내 머릿속에서 맴돌고 있는지 이야기를 나눈다. 활동자료 a

② 믹싱볼에 담긴 밀가루를 다양한 감각으로 탐색하며, 손으로 반죽하는 활동을 시작한다.

▼ 활동하기

① 밀가루 반죽 덩어리를 작게 나누어 각각을 내 머릿속에서 떠오르는 다양한 생각과 연결 짓는다. 각 생각에 어울리는 색상을 섞어 반죽한다.

② 컬러 반죽들을 뇌 구조 도안 속 감정이나 생각에 맞춰 붙인다. 작품 a

③ 완성된 작품 속 생각의 크기와 다양한 색상을 감상하며, 담긴 이야기를 함께 나눈다.

▼ 나누기

① 나의 뇌는 어떤 생각들로 가득 차 있나요?

② 작품에 사용한 색상은 각 생각을 표현하는 데 어떤 의미가 있었나요?

③ 작품 속 크거나 작은 생각들은 내게 어떤 의미를 가지고 있나요?

④ 각 생각을 표현한 작은 반죽 조각들은 서로 어떻게 연결되어 있나요?

⑤ 작품의 제목을 생각해 보세요. 그 작품을 통해 무엇을 표현하고 싶었나요?

현장에서의 적용

• 아동이 밀가루 반죽을 할 때 선호하는 감각적 경험이나 색상 등에 대해 대화하며, 아동이 자유롭게 자기를 표현하도록 유도한다.

• 뇌 구조 도안에 표현한 크거나 작은 생각과 생각들 간의 관계를 이해하도록 돕기 위해, 적절한 질문을 통해 아동이 표현한 생각이나 감정에 대한 개인적인 의미를 파악하도록 도와준다.

• 뇌 구조 도안을 화지 위에 붙이고, 화지 여백을 유연하게 활용하도록 하여 내적 세계를 표

현하면서 외부의 영향도 함께 탐색할 수 있도록 지도한다.

참고하세요!

• 컬러 반죽을 붙이는 방식 외에도 뇌 구조 도안을 색칠하거나 색지로 잘라 붙이거나, 뇌 구조의 각 영역을 오린 후 셀로판지를 붙여 활동하는 등 다양한 방식으로 접근할 수 있다. 색상, 재료, 도구 선택의 자유를 주어 아동이 자신만의 아트 프로젝트를 구상하고 실현함으로써 성취감과 자신감을 가질 수 있도록 한다.

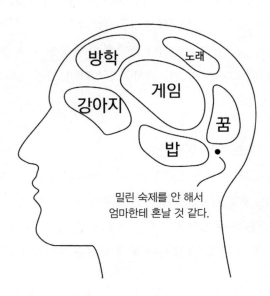

활동자료 a. 나의 뇌 구조 예시

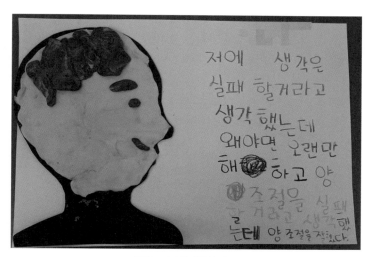

작품 a. 나의 생각/F/10

매 회기 작품을 완성하지 못하던 아동은 이번 회기에서도 오랫동안 밀가루 반죽에만 집중하였다. 치료사는 반죽을 여러 부분으로 나누어 조금씩 붙여 보기를 권했고, 아동은 조심스럽게 시작하여, 결국 작품을 완성하였다. 처음에는 두려움과 불안이 있었지만, 작은 시도를 통해 성취감을 느낄 수 있었다.

아동은 완벽하게 해내고 싶은 마음에서 비롯된 두려움을 극복하였고, 성취한 후의 감정과 생각을 글로 표현하며 자신을 이해하였다. 이 경험을 통해 아동은 완벽하지 않아도 괜찮다는 것을 깨달았고, 작은 성공이 큰 만족을 줄 수 있다는 자신감을 키웠다.

〈워크시트: 나의 뇌 구조〉
떠오르는 생각과 감정을 표현해 봅시다.
나의 생각과 감정은 어떤 모습인가요? 어떻게 연결되어 있나요?

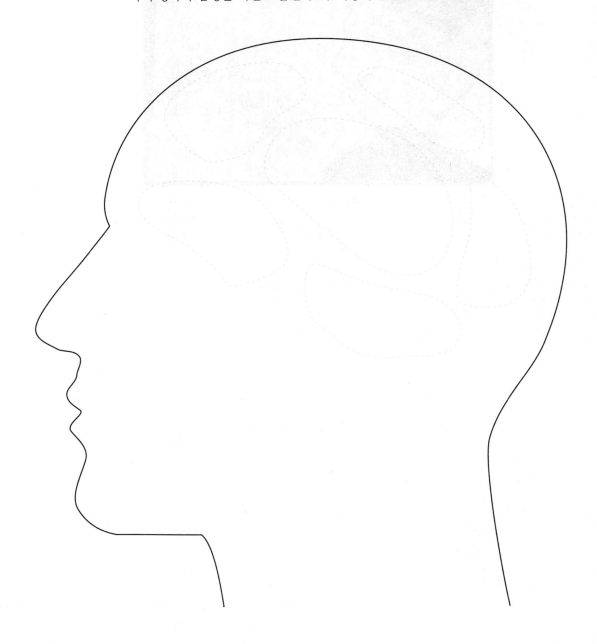

45

| 회화 | 조소 | 공예 | 판화 | 디자인 | 놀이 | STEAM |

내가 보는 나, 남이 보는 나
(가면 꾸미기)

가면은 자아를 외부에 보여 주는 이미지를 효과적으로 표현하는 매체로서, 관계 속에서 요구되는 사회적인 페르소나와 동시에 나만이 알고 있는 내면의 자아를 시각화할 수 있다. 가면은 숨김과 드러냄이라는 이중적인 특성을 가지고 있어, 자아 탐색과 인식을 풍부한 경험으로 이끌어 낼 수 있다.

대상 및 소요시간

대상: 만 10세 이상, 개인 및 집단
소요시간: 40~60분

목표

자기탐색 및 인식

준비물

가면, 아크릴 물감, 붓, 물통, 컬러 폼클레이, 폼폼이, 글루건

방법

▼ 들어가기

① 다른 사람이 보는 나와 내가 보는 나의 모습에 대해 이야기 나눈다.

② 다양한 컬러의 폼클레이, 폼폼이를 탐색하며 가면을 어떻게 꾸밀지 구상한다.

▼ 활동하기

① 가면의 바깥쪽에 남이 보는 나의 모습을 자유롭게 꾸민다. 작품 a

② 가면의 안쪽에는 나만 알고 있는 내 모습을 표현한다.

③ 완성된 가면을 쓰고, 관계 속에서의 나, 혼자 있을 때의 나에 대한 상황극을 한다.

▼ 나누기

① 내가 생각하는 나의 장점과 단점은 무엇인가요?

② 가족이나 친구들이 평가하는 나는 어떤 사람인가요?

③ 내가 보는 나와 타인이 보는 나는 어떤 공통점과 차이점이 있나요?

④ 완성된 가면에서 나의 성격이나 모습이 표현된 부분을 찾아봅시다.

⑤ 상황극에서 가면 쓴 나는 평소 나와 어떤 차이가 있었나요?

현장에서의 적용

- '내가 보는 나, 남이 보는 나'의 개념을 아동이 이해하기 쉽도록 시각적 자료를 활용한다. 활동자료 a

- 가면 꾸미기 작업과 상황극을 통해 아동이 자아를 표현하고 인식할 때의 태도나 반응을 지속적으로 관찰하며, 부정적인 자아 평가나 비합리적 생각 등을 발견하도록 돕는다.

- 상황극은 아동의 이슈와 연관한 주제로 설정하여, 아동이 자신의 모습을 표현하고 인식하도록 한다. 이 과정에서 아동이 가진 강점을 활용해 건강한 방식으로 대응하고 변화할 수 있도록 지원한다.

참고하세요!

• 동물 모형의 그림 템플릿을 제공하거나 동물 모양 가면을 직접 그려 만들어 보도록 하자. 친숙한 동물의 형상을 활용해 자신을 표현할 수 있어서 아동이 흥미를 가지고 참여하게 될 것이다.

• 가면을 꾸밀 때 물감을 사용하면 대기 시간이 발생하므로, 빠르게 마르며, 밀착력이 강해 다양한 표면에 잘 붙는 아크릴 물감을 사용하거나, 세션 효율성을 고려하여 붙여 꾸미는 재료를 활용하는 것이 좋다.

작품 a. 남이 보는 내 모습(가면 외부)

활동자료 a. 내가 보는 나, 남이 보는 나

출처: Freepik.

46

| 회화 | 조소 | 공예 | 판화 | 디자인 | 놀이 | STEAM |

자신감 뿜뿜! 나는 할 수 있어!

(나의 강점 알기)

친구와 함께 빙고 게임을 하면서 서로의 장점을 알아 가고, 나의 장점을 작품으로 시각화하여 자기이해의 시간을 가져 본다.

이러한 경험을 통해 사소한 부분도 장점으로 인식할 수 있는 중요한 긍정자원을 발견하며, 건강한 자아 형성에 도움이 될 것이다.

대상 및 소요시간

대상: 만 10세 이상, 집단

소요시간: 30~40분

목표

자기이해, 긍정자원 마련

준비물

화지, A4 용지, 색연필, 사인펜, 파스텔

방법

▼ 들어가기

① 나의 장점을 생각하고 이야기를 나눈다.

② 5×5 빙고 라인에 나의 장점들을 기록한 후, 친구들과 함께 빙고 게임을 진행한다.

▼ 활동하기

① 빙고 게임에서 기록한 장점 중 하나를 선택한다.

② 선택한 장점을 그림으로 자유롭게 표현한다. 작품 a

▼ 나누기

① 나의 장점은 무엇인가요? 친구들은 어떤 장점을 가지고 있나요?

② 내가 알고 있는 나의 장점과 친구들이 이야기한 장점이 비슷한가요? 다르다면 친구의 의견에 대한 나의 생각은 어떤가요?

③ 여러 장점 중 그림으로 표현한 장점은 어떤 이유에서 선택하였나요?

④ 나의 장점이 어떤 상황에서 도움이 되었나요? 혹은 어떤 경험에서 발휘가 되었나요?

현장에서의 적용

• 장점을 찾기 어려워하는 아동에게 장점이 표현된 자료를 활용하여, 작은 부분도 장점이 될 수 있음을 안내한다. 활동자료 a

• 아동이 표현한 장점을 담은 작품을 감상하면서, 아동이 자아를 탐색하고 긍정적인 자원을 형성할 수 있도록 돕는다.

• 아동의 장점을 바탕으로 자존감을 향상시킬 수 있는 전략을 함께 개발하고, 다양한 상황에서 이를 적극적으로 활용할 수 있도록 지원한다.

참고하세요!

• 빙고 칸의 수는 아동의 나이나 인지 수준을 고려하여 결정한다. 처음 빙고 게임을 하는 경우 간단한 3×3 칸부터 시작하면 아동이 쉽게 이해하고 즐길 수 있다. 이미 놀이 방법을 알고 있는 경우 "몇 칸으로 게임을 할까요?"라고 의견을 물어, 아동이 참여감을 느끼고 게임에 대한 의견을 적극적으로 제시할 수 있도록 유도한다.

작품 a. 나의 강점들/F/12

여러 가지를 흉내 낼 수 있다	팔뚝이 단단하고 건강하다	부모님, 친구들을 잘 도와준다
글씨를 원하는 대로 쓸 수 있다	친구들과 즐겁게 지낸다	줄넘기를 100번 할 수 있다
내 기분을 항상 솔직하게 말할 수 있다	한번 시작한 일은 끝까지 해낸다	질문을 적극적으로 한다
색칠을 빠르게 한다	다른 사람들 앞에서 말할 때 떨지 않는다	저금을 꼬박꼬박 한다
색칠을 빈틈없이 한다	말을 예쁘게 한다	목소리가 크다
책을 가지런히 꽂아 놓는다	아이디어가 많다	퍼즐 맞추기를 빠르게 할 수 있다
작은 종이도 가위로 모양낼 수 있다	주변을 살피고 기억을 한다	손가락 모양이 예쁘다
사진 찍는 것을 즐긴다	밥을 맛있게 먹는다	머리 묶기를 혼자서 할 수 있다
게임을 1시간만 하기로 약속하면 딱 1시간만 한다	애완동물의 식사를 잘 챙긴다	처음 해 보는 일도 즐겁게 한다
손이 따뜻하다	방이 깨끗하다	딱지를 연속 5개 넘길 수 있다
발가락이 귀엽다	형제, 남매, 자매와 사이가 좋다	당근을 잘 먹는다
웃을 때 매력 있는 앞니 2개가 보인다	웃음소리가 맑다	편식을 하지 않는다
공놀이를 2시간도 할 수 있다	또박또박 잘 들리게 말한다	나쁜 생각보다 좋은 생각을 많이 한다
	다른 사람의 말을 잘 들어 준다	한번 배운 것은 잊지 않는다

활동자료 a. 장점 예시

47

마음의 문을 열면

대문 모양의 도화지 안과 밖으로 표현된 나의 마음은 어떤 모습일까?

타인에게 드러내기 쉬운 부분과 나만 아는, 혹은 감추고 싶은 부분 사이의 경계를 탐색하며, 자기를 인식하고 깊이 이해하는 경험을 할 수 있다.

대상 및 소요시간

대상: 만 11세 이상, 개인 및 집단

소요시간: 30~40분

목표

자기탐색 및 인식, 자기이해 및 수용, 소통 능력 증진

준비물

화지, 색지, 사인펜, 색연필, 파스넷

방법

▼ 들어가기

① 화지로 대문을 만든다.

② 대문을 열고 닫으며 내면의 드러냄과 숨김에 대한 생각을 공유한다.

▼ 활동하기

① 내면에만 알고 있는 모습을 안쪽에 표현하고, 타인에게 보이는 모습을 바깥쪽에 표현한다. 작품 a

② 완성된 작품을 감상하며 내면을 어디까지 개방하고 싶은지 이야기한다.

▼ 나누기

① 타인에게 보이는 모습과 나만 알고 있는 모습의 차이에 대해 이야기해 본다.

② 대문을 열고 닫으며 나의 모습을 보여 줄 때의 감정과 생각을 공유한다.

③ 나만 아는 내 모습을 타인에게 어디까지 드러낼 수 있는지 고민해 본다.

현장에서의 적용

• 대문을 열고 닫는 활동을 통해 자기개방에 대한 선택과 감정을 이해하도록 지원한다.

• 대문을 닫을 때 어떤 감정이나 생각이 드는지 물어보고, 이를 통해 어떤 부분이 자신에게 중요한지 파악하도록 도와준다. 이를 통해 아동의 가치관이나 자아에 대한 이해를 높일 수 있다.

• 아동이 자신의 속마음을 표현하는 데 어려움을 느낄 때, 자기를 인식하고 이해하는 과정이 중요하며, 타인에게 보이고 싶지 않은 마음도 자신의 일부라는 것을 이해하도록 도움을 준다.

• 아동이 나만 아는 내면의 감정이나 생각을 드러내는 데 어려움을 겪을 때, 수용과 이해의 태도를 보여 주고, 작은 부분부터 시작하여 점차적으로 표현해 보도록 격려한다.

참고하세요!

• 화지를 대신해 뚜껑이 있는 박스를 활용함으로써 입체적인 효과를 부여하여 조형성과 창의성을 향상시킬 수 있다.
• 자기개방은 감정, 생각, 경험 등을 솔직하게 타인과 나누는 과정으로, 자신을 이해하고 받아들이며, 타인과의 소통을 위해 더 나은 이해와 연결을 형성하는 중요한 요소이다. 아동은 이러한 자기개방의 경험을 통해 자아를 발견하고 성장하는 데 도움을 받게 된다.

 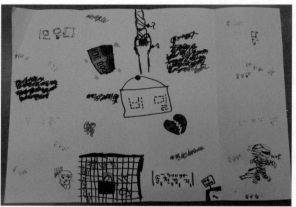

작품 a. **마음의 문/F/12**

평소 모범적인 태도로 가정과 학교에서 인정받는 아동이, 또래 관계 문제가 있는 집단원과 함께 참여한 미술활동에서는 자기표현이 부족한 모습이었다. 대문 안과 밖으로 마음을 표현하며, 대문 밖에는 '참는 중'이라는 글자, 붕대에 감싸인 미라를 그려 답답한 감정을 나타냈다. 대문 안쪽에는 부자가 될 바라는 돈다발, 밧줄에 매달려 힘든 뒷모습을 그렸다. 여백에는 답답한 감정을 해소하려는 시도를 욕을 쓰고 지우는 작업으로 표현했다. 이후 '빡침' '우울' '삐뚤어짐' 등 부정적 감정들을 담아내고, 이를 자물쇠로 봉인하고 '비밀'이라는 푯말을 걸어 더 이상 표현하고 싶지 않음을 전달했다.
아동은 작업을 통해 참아 왔던 감정과 숨겨 둔 감정을 표현함으로써 모범적인 모습을 벗어나, 자아 수용과 자유로운 표현을 경험했다. 작업 중 자기개방이 많아지자 작업을 중단하였고, 이를 통해 아동은 자아가 있는 그대로 수용되는 경험을 할 수 있었다.

48

내 마음속 씨앗

내 마음에 심은 씨앗이 건강하게 자라나려면 어떤 것이 필요할까?

씨앗의 성장 단계를 그림으로 표현하면서 아동은 자신의 내면을 탐색하게 되며, 동시에 외부에서 어떤 지원이 필요한지를 고민하게 된다. 이를 통해 아동은 내·외적 자원을 효과적으로 활용하는 과정을 즐겁게 경험하고, 건강한 성장과 발전을 위해 다양한 요소를 구체적으로 이해하게 된다.

대상 및 소요시간

대상: 만 11세 이상, 개인 및 집단

소요시간: 30~40분

목표

자기탐색 및 인식, 긍정적 내·외부 자원 확인

준비물

씨앗, 화지, 수채 색연필, 물감, 붓, 물통

방법

▼ 들어가기

① 사전에 제공된 씨앗을 확인하고 해당 식물에 대한 정보를 탐색하며 함께 이야기를 나눈다.

② 눈을 감고, 상상 속에서 씨앗이 심어져 성장하고 있는 모습을 생생하게 상상한다.

▼ 활동하기

① 씨앗의 성장 단계를 단계적으로 그려 본다. 작품 a

② 씨앗이 건강하게 자라기 위해 필요한 조건과 환경을 구체적으로 작품에 표현한다. 작품 b

③ 씨앗의 성장 요소와 나 자신의 성장 요소를 비교하여 이야기를 나눈다.

▼ 나누기

① 이 씨앗은 어떤 식물의 씨앗일까요? 씨앗은 어떻게 자라나게 될까요?

② 씨앗이 건강하게 자라기 위해 필요한 조건은 무엇일까요? 이것을 현실에서 어떻게 적용할 수 있을까요?

③ 씨앗에게 필요한 것과 나에게 필요한 것을 비교하며, 공통점과 차이점을 찾아보고 나눕니다.

④ (집단 활동 시) 나와 친구의 필요한 것을 비교하면서, 서로의 강점과 부족한 점을 이해하고 서로 도움이 될 수 있는 방안을 찾아볼 수 있을까요?

현장에서의 적용

• 씨앗이 성장하는 데 필요한 환경을 생각하며, 어떤 날씨, 토양, 주변 분위기 등이 적합할지 상상해 보고 작품에 구체적으로 표현해 보도록 한다.

• 씨앗이 식물로 성장하는 과정과 아동의 실제 성장 과정을 비교하여, 아동이 자신이 성장하기 위해 필요한 것이 무엇인지 탐색하는 기회를 제공한다.

• 씨앗을 자원으로 상징화한 후 성장한 모습을 표현할 때, 아동이 선택한 상징들에 어떤 의미를 부여했는지 질문한다. 이를 통해 아동은 자아 인식과 강점을 확인하고 미래에 대한

목표나 희망을 어떻게 표현했는지 이해할 수 있게 된다.

- 집단 활동 시 화지를 돌려 가며 씨앗에게 필요한 것, 도움이 되는 것을 추가로 작업하면서, 친구의 도움을 통해 표현해 보도록 한다. 이 경험은 아동에게 외부 자원이 어떤 의미를 가지는지 경험하게 한다.

- 완성된 작품을 감상하면서, 성장을 위해 스스로 할 수 있는 것과 타인의 도움이 필요한 것을 구분하여 내·외부 자원을 확인하고 더 강화시킬 수 있는 방안을 찾아보도록 지원한다.

참고하세요!

- 고학년을 대상으로 상징화 작업을 할 때에는 심층적인 상징과 미래 비전을 표현하도록 격려한다. 예를 들어, 특정한 색상, 도형 또는 상징적인 요소를 활용하여 개인적인 목표와 비전을 묘사하도록 유도한다.
- 자연 속에서 자라나는 씨앗이나 도시 속에서 자라나는 씨앗 또는 비가 오거나 햇빛이 비추는 상황 등 다양한 배경을 시도해 본다.

작품 a. **나의 씨앗 키우기/F/11**

작품 b. 딸기 소녀의 진화 단계/F/10

49

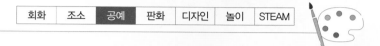

내 마음의 꽃

나의 장점들이 모여 꽃으로 피어난다면 얼마나 아름다울까!

색모래로 층층이 쌓아 만든 '아름다운 자원으로 가득 찬 토양'에서 꽃이 피어나는 모습은 자신이 소중하고 유능하다는 믿음을 형성하여 긍정적 자원을 강화하는 데 도움이 된다.

대상 및 소요시간

대상: 만 10세 이상, 개인 및 집단

소요시간: 30~40분

목표

긍정자원 강화, 자기탐색 및 인식, 자존감 향상

준비물

조화, 색모래, 유리병

방법

▼ **들어가기**

① 나의 장점과 어울리는 색은 무엇인지 생각해 본다.

② 장점의 색으로 물든 땅에서 꽃이 피어나는 모습을 상상해 본다.

▼ **활동하기**

① 유리병에 내가 가진 장점을 상징하는 색모래를 한 층씩 쌓아 가며 내면의 긍정자원을 시 각적으로 표현한다.

② 좋아하는 꽃을 색모래에 꽂아 나만의 특별한 화병을 만들어 낸다.

③ 화병에 꽃의 이름과 나의 장점들을 표현하여 완성한다.

▼ **나누기**

① 나의 장점과 평소 자신 있는 것은 무엇인가요?

② 나의 장점과 어울리는 색상을 생각해 봅시다.

③ 나의 장점 색으로 물든 땅에서 꽃이 피어난다면 어떤 모습일까요?

④ 꽃의 이름은 무엇인가요?

현장에서의 적용

• 아동이 자신의 장점을 많이 표현할수록 색모래 단층이 아름답게 어우러지는 것을 인식할 수 있도록 도와, 아동이 자신에 대한 애정과 자존감을 향상시키도록 지원한다.

• 아동이 원하는 형태와 색상의 꽃을 선택하도록 지원하여, 아동의 내부 자원이 상징적으로 강화될 수 있도록 돕는다.

• 건강하고 비옥한 토양에서 아름다운 꽃이 성장할 수 있다는 비유를 통해 아동이 자신의 장점을 긍정자원으로 인식하고 강화할 수 있도록 돕는다.

참고하세요!

· 색모래 대신 소금과 파스텔을 이용하면 아름답게 색이 물들어 가는 과정을 경험하며 색다른 감성과 성취
  경험을 제공할 수 있다.
· 집단 활동 시, 각 색상과 꽃으로 표현된 아동들의 작품을 하나로 모으면, 다양성을 통해 나타나는 다름을
  이해하고, 각자의 고유한 가치를 인정하고 존중하는 중요성을 강조할 수 있다. 활동자료 a

활동자료 a. **다양한 색상의 꽃과 화병**

50

회화　조소　공예　판화　디자인　놀이　STEAM

나에게 힘을 주는 한마디

　내가 속한 환경에서 경험한 응원과 칭찬, 격려를 자원으로 인식하는 활동은 나 자신의 성장과 긍정적 자원을 확인하고 강화하기 위한 효과적인 경험이라 할 수 있다. 주변 사람들이 전하는 메시지를 시각적으로 표현함으로써 소중함과 감사함을 실감하며, 이는 성장을 위한 동기 부여를 얻을 수 있는 중요한 요소로 작용한다.

대상 및 소요시간

대상: 만 11세 이상, 개인 및 집단
소요시간: 30~50분

목표

긍정자원 강화, 자아 인식, 자존감 향상

준비물

화지, 색연필

방법

▼ 들어가기

① 사회적으로 성공한 사람의 일화를 감상하고 긍정자원에 대해 이야기 나눈다.

② 나 자신이 생각하는 긍정자원을 구체적으로 적어 확인해 본다.

▼ 활동하기

① 내가 생각하는 나의 강점과 개선이 필요한 부분을 구체적으로 표현해 본다. 작품 a

② 나에게 힘이 되는 가족, 친구, 선생님 등이 전하는 칭찬과 응원 메시지를 적어 본다.

③ 나에게 힘을 주는 말들을 자유롭게 표현한다. 작품 b

▼ 나누기

① 그 사람의 장점과 단점은 무엇인가요? 나의 장점과 단점은 어떤 것들이 있나요? 그 사람과 나는 어떤 모습이 비슷한가요?

② 주변 사람들이 전하는 칭찬과 응원 메시지 중에서 나에게 가장 큰 영향을 주는 말은 무엇인가요? 그 메시지가 왜 중요한지 생각해 봅시다.

③ 나에게 힘을 주는 말들을 작품으로 표현하면서, 이 말들이 어떻게 나를 도왔고 나의 긍정 자원을 높이는 데 기여했는지 이야기해 봅시다.

현장에서의 적용

• 나의 강점과 개선이 필요한 영역을 시각화하고 표현하는 것을 통해 아동의 자아 인식을 강화한다. 이는 아동이 자기를 더 잘 이해하고 받아들일 수 있도록 돕는다.

• 단점은 극복하고 장점은 승화시킨 사람들의 사례를 통해 긍정적인 모델링을 제공하여 아동이 긍정적인 자아를 형성할 수 있도록 돕는다.

• 나에게 힘을 주는 한마디 중 가장 마음에 드는 문장을 선택해 현재 아동의 가장 큰 욕구는 무엇인지 탐색해 본다.

> **참고하세요!**
>
> • 완성된 작품을 액자에 보관하거나 손코팅지를 사용하면, 긍정자원이 안전하게 보존된다는 느낌을 받을 수 있다.
>
> • 슈링클스 매체를 활용해 키링으로 제작해도 좋다. 키링을 평소에 소지하면서 지속적으로 긍정적인 자극을 받을 수 있다.

작품 a. 내가 잘하는 것, 개선이 필요한 영역

작품 b. 나에게 힘을 주는 한마디

51

팝아트 자화상
(나와 일곱 가지 보물)

선명한 색감의 팝아트 자화상은 새로운 자아를 발견하는 특별한 경험을 제공한다. 자화상은 내면의 모습을 발견하고 스스로를 이해하는 수단으로 작용하여, 내면의 힘을 발견하고 키우는 데 도움이 된다. 또한 자화상 주변에 배치된 소중한 보물들은 아동의 성장을 촉진하는 다양한 자원을 상징하며, 이러한 자원은 아동의 동력이 되어 긍정적 변화와 성장을 촉진한다.

대상 및 소요시간

대상: 만 11세 이상, 개인 및 집단

소요시간: 80~90분

목표

자기인식 및 수용, 긍정적 자원 강화, 자존감 향상

준비물

먹지, 캔버스(캔버스 보드), 아크릴 물감, 붓, 매직, 볼펜

방법

▼ 들어가기

① 현대미술 팝아트 자화상 작품을 감상한다.

② 내 얼굴이 나온 사진을 준비하고 나를 잘 표현할 수 있는 색상을 생각해 본다.

③ 나의 소중한 보물들에 대해 이야기를 나누고, 어떻게 표현할지 생각해 본다.

▼ 활동하기

① 캔버스 보드 위에 얼굴 특징이 잘 나타나도록 외곽선을 따라 그린다.

② 그려진 얼굴선을 매직으로 진하게 덧그리고 물감을 사용하여 나에게 어울리는 색상으로 자유롭게 채색한다. 작품 a

③ 배경에는 나의 소중한 일곱 가지 보물들을 원하는 방식으로 표현한다.

▼ 나누기

① 어떤 색이 지금의 나를 가장 잘 표현할까요?

② 일곱 가지 보물 각각이 나에게 어떤 영향을 미치나요? 왜 소중하고 의미 있는지 이야기해 봅시다.

③ 소중한 보물에 둘러싸인 나의 자화상을 보면서 떠오르는 감정과 생각을 이야기해 봅시다.

④ 자화상 작품의 제목은 무엇인가요?

현장에서의 적용

• 소중한 보물들을 표현할 때, 일상생활 속에서의 긍정적인 자원을 발견할 수 있도록 돕는다 (ex. 가족, 애완동물, 좋아하는 과일, 사랑, 신뢰 등).

• 자화상과 보물들이 조화를 이루고 있는 작품을 감상하면서 새로운 자아의 측면과 내적 자원을 탐구할 수 있도록 돕는다. 이를 통해 아동이 자아를 인식하고 받아들이는 자기수용과 긍정자원을 발견하고 강화하는 기회를 제공한다.

참고하세요!

• 아동들이 웃는 모습을 미리 촬영해 준비하고 가장 마음에 드는 사진을 선택할 수 있도록 한다.

• 캔버스 보드 → 먹지 → 사진 순으로 고정하여 밑그림 작업을 한다. 1차로 라인을 먹지로 따라 그린 후 표정이나 눈, 코, 입의 모양은 채색 과정에서 원하는 대로 수정하여 만족감을 높일 수 있다.

• 관계 향상을 목표로 한 집단 활동에서는 짝끼리 서로의 모습을 그려 주는 작업으로 적용해 볼 수 있다.

작품 a. 다채로운 색상으로 팝아트 자화상 표현하기

작품 b. 앤디 워홀(Andy Warhol)의 〈no title〉(1967)

Chapter 6

또래 관계 증진을 위한 미술치료기법

또래 관계(peer relationship)는 아동의 사회적 발달에 필수적이다. 지속적인 상호작용을 통해 사회적 기술을 습득하며, 이를 통해 정서적·인지적 발달뿐만 아니라 윤리적 이해와 성격을 형성하게 된다. 이러한 과정은 아동에게 대인관계의 문제를 해결하고 자기조절 기술을 개발할 수 있는 중요한 기회를 제공한다.

이번 챕터에서는 아동이 또래와의 관계에서 필수적인 상호작용, 의사소통 및 협동 능력을 향상시킬 수 있는 다양한 미술치료기법을 소개한다. 특히 집단 미술치료를 통해 아동이 협력하고 소통하며, 관계 속에서 자신을 이해하고 조절하는 방법을 배우도록 돕는다. 아동은 안전하고 지지적인 환경에서 이러한 활동을 통해 사회적 기술을 발전시키고, 자신의 감정을 효과적으로 표현하는 방법도 익히게 된다.

52

| 회화 | 조소 | 공예 | 판화 | 디자인 | 놀이 | STEAM |

평화 규칙

또래 친구와 함께하는 활동을 시작하기 전에는 안전과 조화를 위해 합의된 규칙이 필요하다. 이 규칙은 아동들이 함께 논의하고 결정하며, 서로 존중하고 소통할 수 있는 기회를 제공한다. 이를 통해 아동들은 자발적으로 규칙을 따르고 서로 간의 이해를 증진시킬 수 있다.

대상 및 소요시간

대상: 만 7세 이상, 개인 및 집단
소요시간: 40~60분

목표

상황 인식, 라포 형성, 의견 조율, 협력과 상호 이해

준비물

4절 이상의 화지, 매직, 사인펜, 색종이, 가위, 풀

방법

▼ 들어가기

① 친구들과 함께하는 활동 시 주의해야 할 사항과 지켜야 할 규칙에 대해 의견을 나눈다.

▼ 활동하기

① 한 명씩 돌아가며 규칙을 이야기하고, 상의 후 결정한 내용을 화지에 기록한다.
② 완성된 평화 규칙을 친구들과 의논하고 자유롭게 꾸며 본다.

▼ 나누기

① 친구들이 규칙을 지키지 않아 곤란했던 일이 있었나요?
② 단체 활동에서 반드시 지켜야 할 규칙은 어떤 것들이 있을까요?
③ 규칙을 지켰을 때와 지키지 못했을 때 각각 어떤 결과가 생기는지 함께 논의해 봅시다.
④ (중간 점검) '평화 규칙' 중 가장 잘 지켜진 규칙과 지켜지지 않은 규칙은 무엇인가요? 이를 통해 다시 규칙을 점검합니다.

현장에서의 적용

• 규칙을 수립하기 전에는 규칙을 지키지 않았을 때의 결과와 그에 대한 대처방안을 함께 논의하여, 아동들이 규칙의 중요성과 이유를 이해할 수 있도록 돕는다.
• 규칙을 만들 때 아동들이 적극적으로 참여하게 하여 책임감을 느끼도록 한다.
• 모든 아동들이 의견을 제시할 수 있도록 하며, 필요한 질문을 통해 참여를 유도한다.
• 규칙을 만들 때 긍정적인 언어를 사용하여 바람직한 행동을 강조하고, 이를 통해 부정적인 행동을 피하도록 유도한다.
• 규칙을 정할 때에는 실제 실행 가능한지를 점검하고, 아동들이 자유롭게 합의할 수 있는 환경을 조성한다.
• 매 회기 시작 전에 평화 규칙을 확인하여 아동들이 규칙을 기억하고 안전한 환경에서 활동을 시작할 수 있도록 한다.

• 규칙을 잘 지켰을 때는 지지와 칭찬으로 자발적으로 안전한 공간을 유지할 수 있는 동기 부여를 제공한다.

참고하세요!

• 규칙은 3~5개 정도로 제한하는 것이 좋다. 너무 많은 규칙은 아동들이 따르기 어렵게 만들 수 있다.
• 규칙이 불합리하거나 새로운 문제가 발생할 경우, 아동들과 상의하여 수정하거나 추가할 수 있다. 하지만 자주 변경하거나 보완하면 일관성이 떨어져 규칙을 무시할 수 있으니 주의가 필요하다.
• 아동들의 변화에 따라 특정 회기에 적합한 규칙을 정하는 것이 도움이 된다.

53

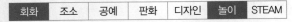

| 회화 | 조소 | 공예 | 판화 | 디자인 | 놀이 | STEAM |

너랑 나랑 사이
(여기까지는 괜찮아! 이제 그만 불편해!)

게임을 통해 서로의 심리적 거리를 탐구하고, 건강한 경계를 설정하는 방법을 고민해 보자. 이를 통해 편안한 거리와 개인 공간을 이해하고 다양한 반응과 욕구를 경험하며, 서로의 안전한 영역을 존중하는 능력을 키울 수 있다.

대상 및 소요시간

대상: 만 9세 이상, 집단
소요시간: 60~80분

목표

조망 수용 능력 향상, 심리적 경계 이해, 소통 능력 증진

준비물

전지, 크레파스, 색연필, 매직, 물감, 긴 줄

방법

▼ 들어가기

① 2명씩 짝을 짓는다.

② 짝과 허용 거부 게임을 진행한다. 활동 a

▼ 활동하기

① 전지를 가장 편안한 크기로 펼쳐 원하는 장소에 배치한다.

② 각자 안전하고 편안한 공간을 자유롭게 꾸며 본다. 작품 a

③ 완성된 공간에 친구를 초대하고 함께 대화를 나눈다.

▼ 나누기

① 친구와 허용 거부 게임을 하며, 허용하거나 거부하는 말을 할 때와 들었을 때 어떤 느낌이 들었나요?

② 평소 친했던 친구와 허용 거부 게임을 한 후 어떤 변화를 느꼈나요?

③ 자신이 가장 편안하고 안전하다고 느끼는 공간은 어디인가요?

④ 친구가 자신의 공간에 방문한다면 어디까지 허락할 수 있을까요?

⑤ 혼자 있고 싶을 때 친구에게 어떻게 표현할 수 있을까요?

⑥ 친구와 함께하고 싶을 때 상대가 거부한다면 어떻게 대처할 수 있을까요?

현장에서의 적용

• 게임 중 집단원 간 심리적 친밀도, 상호작용 시 자기표현 태도 등을 관찰하여 사회성 발달을 지원하기 위한 전략을 계획하고 실행한다.

• 아동들이 게임을 진행하면서 나타나는 행동이나 반응에 대해 관찰하고 피드백을 제공한다. 긍정적인 행동이나 노력에 대한 칭찬을 통해 자아존중감을 높이고, 부정적인 행동은 구체적인 개선 방법을 제시하여 자기효능감을 높이도록 돕는다.

• 전지의 위치, 크기, 상징적인 표현의 패턴 등을 통해 아동들 간의 상호작용, 개인적인 경계

설정, 타인을 수용하는 능력을 파악하여 아동의 성향과 사회정서적 발달 수준을 이해한다.
• 게임을 통해 아동들이 다양한 상황에 유연하게 대처하는 방법을 배우도록 돕고, 예상치 못한 변화나 어려움에 적응하는 능력을 키우도록 지원한다.
• 활동을 통해 거절과 허용의 다양한 이유를 이해하고, 각 개인의 성향을 존중하며 이를 고려하는 방법을 탐구한다.

참고하세요!

• 학령기 아동은 또래 간 소속과 독립성을 키워 나가는 단계에 있으며, 자기중심성에서 벗어나 자기반성적 조망 수용이 가능하다. 물리적인 매체(줄, 전지)를 활용한 워밍업은 개인의 경계를 경험적으로 체득할 수 있는 좋은 방법이다.
• 허용 거부 게임에서는 부드러운 질감의 줄이나 털실, 리본 등을 사용하는 것이 효과적이다.
• 게임 시작하기 전에 '내가 들으면 좋은 말'과 '속상한 말'에 대해 간단히 이야기하여 서로를 이해하고 배려하는 시간을 마련한다. 이는 게임 진행 중 발생할 수 있는 갈등을 예방하고, 아동들 간의 원활한 소통을 촉진하는 데 도움이 된다.

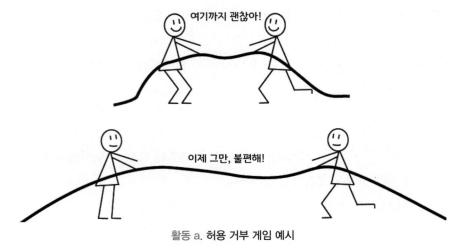

활동 a. 허용 거부 게임 예시

상대를 허용할 때는 "여기까지는 괜찮아!", 부담이 느껴질 때는 "이제 그만!"이라고 말한다.

작품 a. **나의 편안한 공간**

54

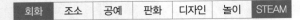

회화 | 조소 | 공예 | 판화 | 디자인 | 놀이 | STEAM

양초 비밀 편지

투명 양초로 편지를 쓰고, 그 위에 알록달록 물감을 칠해 숨겨진 마음을 드러낸다.

이 활동은 소통의 즐거움을 느끼게 하고, 서로 존중하고 이해하는 데 도움을 준다. 예술적 표현을 통해 감정적 연결을 강화하고, 감사의 마음을 나누는 소중한 경험이 될 것이다.

대상 및 소요시간

대상: 만 7세 이상, 집단
소요시간: 40~60분

목표

관계 속 자기와 타인 인식 및 이해, 소통의 즐거움

준비물

화지, 흰 양초, 수채화 물감, 물, 붓, 팔레트

방법

▼ 들어가기

① 화지에 양초로 자유롭게 낙서한다.

② 화지에 수채화 물감을 칠하여 재료의 특성을 탐색한다. 활동 a

▼ 활동하기

① 양초를 활용하여 친구에게 전하고 싶은 감정을 담은 편지를 작성하고 서로 교환한다.

② 친구에게 받은 양초 비밀 편지 위에 원하는 색상의 물감을 칠하고 메시지를 확인한다. 작품 a

③ 양초 비밀 편지에 대한 답장으로 그림을 그려서 전달한다. 작품 b

▼ 나누기

① 친구에게 전하지 못했던 감정이나 이야기가 있나요?

② 비밀 편지에 내 마음을 어떻게 표현했나요?

③ 친구의 비밀 편지를 읽고 난 후, 어떤 감정이 들었나요? 그에 대한 답장으로 어떤 마음을
   전달하고 싶었나요?

현장에서의 적용

- 양초 낙서를 통해 창작 과정에서의 자유로움과 예술적 표현을 즐기도록 유도한다.
- 편지 내용이 부적절하거나 상처를 주지 않도록 감사, 칭찬, 사과, 친밀감과 같은 긍정적인
  표현을 사용하도록 안내하여 주제에 대한 이해를 돕는다.
- 친구의 비밀 편지를 읽은 후 생각과 감정을 정리하고, 이에 적합한 의미 있는 답장을 작성
  하도록 지원한다.
- 비밀 편지와 답장을 통해 참여자들은 서로의 감정을 공유하고 소통을 강화할 수 있다.

참고하세요!

• 물과 분리되는 양초의 특성을 활용한 미술 표현을 통해 아동의 과학적 탐구력과 창의적 사고를 촉진할 수 있다.

• 별도의 공간에 간이 우체통을 마련하여 아동들이 비밀 편지를 직접 보내고 받는 활동을 실시할 수 있다. 이러한 활동은 아동들이 상호작용 및 사회적 교류를 경험하도록 돕는다.

• 아동의 연령과 미술 능력에 따라 적절한 크기의 화지와 붓을 준비하여 작업을 지원한다.

활동 a. **양초의 특성 탐색하기**

작품 a. **비밀 편지 확인하기**

작품 b. 친구에게 그림 편지로 답장하기/M/8

평소 높은 불안감으로 친구 사귀기에 어려움을 겪던 남아의 작품이다. 친절하고 따뜻한 성격을 가진 친구로부터 "양보해
줘서 고마워."라는 편지를 받았고 "심장이 두근거리고 행복해요."라며 빨강과 핑크색 하트로 이러한 마음을 그려 답장하
였다. 이번 회기 활동을 통해 아동은 자신의 감정을 표현하고 소통하며, 행복과 즐거움을 경험하였다.

55

우린 제법 잘 어울려요
(레이어드 드로잉)

각 개인이 경험한 공감각적 결과를 협동 작업으로 레이어드하고 작업에 대해 이야기하며, 다양한 관점의 차이를 인식하고 공감대를 형성한다. 이러한 심리적 접촉 경험은 유대감과 친밀감을 높이고 상호작용을 개선하는 데 도움을 준다.

대상 및 소요시간

대상: 만 9세 이상, 집단
소요시간: 50~70분

목표

관계 속 자기인식 및 타인 인식, 유대감 및 친밀감 형성, 상호작용 향상

준비물

OHP 필름, 매직, 유성펜, 스피커

방법

▼ 들어가기

① Warm-up 1: 아파트 게임*을 진행한다.

② Warm-up 2: 팀을 나누어 ASMR 음향을 듣고, 몸으로 말해요 게임*을 진행한다.

▼ 활동하기

① ASMR 음향을 듣고 연상되는 이미지를 OHP 필름에 자유롭게 그려 본다.

② 나와 친구들의 그림을 비교하며 공통점과 차이점을 찾아보고 의견을 나눈다.

③ 친구들의 OHP 필름을 하나씩 겹쳐 가며 이야기를 만들어 보고, OHP 필름이 1개일 때, 2개일 때, 그리고 모두 겹쳐졌을 때 이야기가 어떻게 달라지는지 비교한다. 그 변화를 통해 느낀 소감을 서로 나눈다. 활동자료 a

▼ 나누기

① ASMR 음향을 듣고 생각한 이미지는 무엇이었나요?

② 친구의 그림과 나의 그림에서 공통점과 차이점은 무엇이었나요?

③ OHP 필름을 하나씩 겹쳐 가며 만든 이야기에서 처음 생각했던 것과 최종적으로 완성된 이야기 사이에 어떤 변화가 있었나요? 그 변화는 무엇을 의미할까요?

④ 이 활동을 통해 배운 점이나 깨달은 점이 있나요?

현장에서의 적용

• 그림을 서로 확인할 때 아동들이 서로의 생각을 존중하며 편안하게 나눌 수 있도록 돕는다.

• 이야기 만들기 단계에서 갈등이나 의견 충돌을 예방하고, 서로의 의견을 잘 듣고 존중하는 방법을 배우도록 돕는다.

• 이야기의 변화 과정과 활동 소감을 나누는 과정에서는 아동들이 활동 중에 겪은 감정과 생각의 변화를 서로 비교하고 이러한 변화를 이해하는 데 도움을 준다.

참고하세요!

• ASMR(Autonomous Sensory Meridian Response)은 특정 소리나 시각적 자극에 반응하여 느껴지는 쾌감과 편안함을 의미한다. 자연 소리나 생활 소리와 같은 다양한 자극을 통해 안정감을 느끼고 친밀감을 형성하며, 이완과 집중력 향상, 스트레스 감소에 도움이 될 수 있다(James et al., 2017; 이재찬, 김정룡, 2019).

* 아파트 게임: 참가자들이 두 손을 무작위로 쌓고, 아래쪽 사람이 건물의 층수를 말한다. 예를 들어, "5층"이라고 하면, 그 층수만큼 손을 쌓아 올린다. 이후 밑에서부터 손을 하나씩 빼면서 층수를 조정하여, 최종적으로 정해진 층수를 맞추는 게임이다.

* 몸으로 말해요 게임: 한 팀이 소리를 듣고 그 소리와 관련된 동작을 몸으로 표현한다. 다른 팀은 그 동작을 보고 소리가 무엇인지 맞추는 게임이다.

활동자료 a. OHP 필름 그림을 겹쳐서 이야기 만들기

56

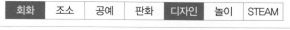

협동 명화 퍼즐

　명화 도안을 조각으로 나누어 각자 채색한 후, 이 조각들을 맞춰 하나의 완성된 작품을 만든다. 자신이 채색한 조각을 다른 사람들과 협력해 전체 그림에 맞추고, 함께 작업하면서 명화의 주제를 이해하고 조화롭게 소통한다.

대상 및 소요시간

대상: 만 7세 이상, 집단
소요시간: 40~60분

목표

상호작용 및 소통 능력 향상, 조화로운 관계 형성, 사회적 발달 촉진

준비물

우드락, 커터칼, 75 스프레시 접착제, 색 켄트지, 한지, 색종이, 매직, 풀, 가위, 명화 도안

방법

▼ 들어가기

① 각자 가진 명화 도안 조각을 보며, 전체 원작이 어떤 것인지 함께 추측한다.

▼ 활동하기

① 도안 조각을 색종이, 한지 등으로 자유롭게 꾸민다.

② 완성한 도안 조각들을 맞춰 전체 퍼즐을 완성한다.

③ 협력하여 보완이 필요한 부분을 논의하고 꾸민 후, 함께 작품 제목을 정한다.

▼ 나누기

① 도안 조각을 보고 친구들과 대화를 나누며 어떤 새로운 관점을 발견했나요?

② 전체 퍼즐로 완성된 작품을 보고 어떤 생각이 드나요? 가장 조화롭게 표현된 부분은 어떤 부분인가요?

③ 전체 퍼즐을 보고 나의 역할을 되돌아보았을 때, 특히 어떤 부분에서 내가 참여했음을 느꼈나요?

④ 보완 작업 중 의견이 다를 때, 협력과 소통은 어떻게 이루어졌나요?

⑤ 협동으로 완성한 명화 퍼즐 작품의 제목을 정해 보세요.

현장에서의 적용

• 아동 각자의 의견을 존중하고, 의견이 충돌할 때에는 상호 간의 소통과 조율을 돕는다.

• 아동들의 창의성과 표현 방식을 존중하며, 작품에서 드러나는 각자의 특성을 인정하고 격려한다.

• 작품을 통해 아동들의 감정을 이해하고, 그들의 감정적 상태에 대해 이야기하며 지원한다.

• 협동 작업을 통해 아동들이 자신의 역할과 기여를 인식하고, 자신감을 높이도록 돕는다.

참고하세요!

• 색종이를 찢어 붙이는 모자이크 작업은 도안의 크기가 클수록 많은 시간과 노력이 필요하여 아동이 피로감을 느낄 수 있다. 따라서 아동의 집중력과 발달 수준을 고려하여 도안의 크기를 적절히 조절하고, 다른 활동 대안을 제시하는 것이 좋다. 예를 들어, 물감 찍기, 스티커 붙이기 등의 방법을 활용하면 아동의 창의성과 흥미를 높일 수 있다.

• 명화 도안을 사용할 때, 알고 있는 도안을 활용하면 아동이 자신의 지식을 활용하며 자신감을 얻을 수 있다. 반면, 잘 모르는 도안을 사용하면 원작을 추론하는 과정에서 아동의 상상력과 창의성을 자극할 수 있으며, 다양한 의견과 관점을 나누는 기회를 제공하여 다양성을 높일 수 있다.

〈워크시트: 고흐 그림〉

도안을 나누어 채색하고, 이를 조합하여 협동 퍼즐로 완성해 봅시다.

57

회화 | 조소 | 공예 | 판화 | 디자인 | 놀이 | STEAM

따뜻한 내 손을 잡아
(석고 손 본뜨기)

친구와 함께하는 석고 손 모형 제작은 정서적 유대 관계 형성에 유익한 활동이다. 석고로 손 모양을 만들 때의 자연스러운 스킨십은 긴장 완화와 함께 상호 간의 안정성을 높이는 데 도움이 된다.

주요 매체인 점토와 석고는 작업 몰입을 높이고 신체적 접촉을 통해 온기를 전달하여 관계 형성을 촉진한다.

대상 및 소요시간

대상: 만 8세 이상, 개인 및 집단

소요시간: 50~70분

목표

안정적 상호작용, 정서적 유대감 형성

준비물

점토, 석고 가루, 나무젓가락, 점토 도구, 핸드크림, 매직, 털실, 비닐장갑, 물티슈

방법

▼ 들어가기

① 짝과 함께 핸드크림을 바르고 서로의 손바닥을 맞대어 느낌을 공유한다.

② 서로의 손을 살펴보며 비슷한 점과 차이점을 발견하며 대화한다.

▼ 활동하기

① 두꺼운 점토에 서로의 손 모양을 찍어 낸다.

② 손 모양 주변을 부드럽게 다듬고, 도구를 사용하여 원하는 형태로 꾸민다.

③ 석고액을 손 모양이 찍힌 점토에 부어 석고를 굳힌다.

④ 석고가 굳은 후 점토를 제거하고 깨끗하게 씻어 낸다. 작품 a

▼ 나누기

① 친구와 손바닥을 맞대었을 때 어떤 느낌이었나요?

② 작업 중에 친구와 내가 도움을 주고받았던 부분이 있었나요?

③ 석고가 굳으면서 따뜻해지는 느낌이 어땠나요?

④ 완성된 작품에서 가장 마음에 드는 부분은 무엇인가요?

⑤ 함께한 활동을 통해 어떤 감정을 느꼈나요?

현장에서의 적용

• 손 본뜨기 활동 후, 치료사는 아동의 완성된 작품을 관찰하여 아동의 태도와 행동(ex. 자신 감 있는지, 불안해하는지), 작품에 담긴 메시지나 감정(ex. 선택한 색상, 형태, 패턴의 의미) 등 을 파악한다. 이를 통해 아동의 인지, 감정, 행동 등에 맞는 개별화된 상담을 진행한다.

참고하세요!

- 점토틀 상단에 나무젓가락을 꽂고 석고액을 부으면 액자 고리를 만들 수 있다. 고리에 털실이나 리본을 끼워 장식하면 완성된 작품의 만족도가 높아진다.
- 점토틀에 글씨를 새길 때는 좌우 반전되어 보이므로, 실제로 새기고자 하는 방향의 반대 방향으로 작업해야 한다.
- 저학년 아동의 손 크기에 맞추어, 점토틀에 붓는 석고액은 보통 300g 이상이 필요하므로 석고가루를 충분히 준비하도록 한다.
- 석고액을 부은 후 15~20분이 지나면 석고 표면이 촉촉해지면서 따뜻함을 느낄 수 있다. 석고가 식은 후 채색 작업을 진행한다.
- 학령기 아동에게는 포옹, 악수 등의 스킨십이 의사소통과 사회적 상호작용을 증진하는 데 도움이 될 수 있다(Susan et al., 2014).
- 사회성 향상이나 또래 관계 대처에 어려움을 겪는 아동은 자신의 작업에 몰입하는 경향이 있다. 이런 경우, 상호 교류가 필요한 작업은 활동의 후반부에 진행하는 것이 좋다.

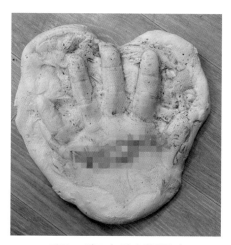

작품 a. **석고 손 액자 완성하기**

58

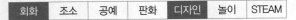

| 회화 | 조소 | 공예 | 판화 | 디자인 | 놀이 | STEAM |

집단 신체 본뜨기

신체 본뜨기는 서로의 신체를 그리며 자신과 타인을 더 깊게 이해하고 존중할 수 있는 소중한 경험을 제공한다. 이 활동은 서로의 특성과 차이를 인정하며 더 깊은 친밀감을 형성하는 데 도움이 된다. 또한 대인관계와 자아 수용에도 긍정적인 영향을 미칠 수 있다.

대상 및 소요시간

대상: 만 8세 이상, 집단
소요시간: 50~70분

목표

긍정적 자기상 형성, 타인 이해와 존중

준비물

화지(본뜨려는 신체 크기에 맞춰 준비), 색연필, 사인펜 등 다양한 채색도구, 스티커, 색모래, 목공용 본드, 착풀, 폼폼이

방법

▼ **들어가기**

① 친구와 짝을 짓는다.

② 짝과 자신의 신체에서 좋아하는 부분이나 장점에 대해 서로 이야기를 나눈다.

▼ **활동하기**

① 화지 위에 친구의 손이나 전신을 본떠 그린다.

② 그려진 손이나 전신을 다양한 재료를 활용해 꾸미고 소감을 나눈다.

▼ **나누기**

① 나의 신체 중 가장 좋아하는 부분은 어디인가요? 왜 그 부분을 좋아하나요?

② 친구의 손이나 전신을 그리는 과정에서 어떤 감정을 느꼈나요?

③ 친구가 나의 손이나 전신을 그리는 과정에서 어떤 감정을 느꼈나요?

④ 본뜬 손이나 전신 그림을 꾸미면서 친구와 어떤 이야기를 나누었나요?

⑤ 완성된 작품에서 어떤 부분이 가장 마음에 드나요? 그 부분이 왜 특별하다고 생각하나요?

현장에서의 적용

• 아동들끼리 서로의 신체에 대해 긍정적인 이야기를 나누도록 유도한다. 이를 위해 신체의 다양한 부분에 대한 긍정적인 특징이나 경험을 공유하도록 유도하여 자아존중과 긍정적인 자아 이미지를 형성하도록 돕는다.

• 친구의 신체를 본뜨고 꾸미는 과정에서 친구의 선호도를 존중하고 반영할 수 있도록 돕는다.

• 작업과정에서 아동들의 발화 내용, 표정, 몸짓, 자세 등 언어적·비언어적 표현을 관찰하여 의사소통 방식과 상호작용 패턴을 이해한다. 이를 통해 치료사는 아동들이 효과적으로 의사소통하는 방법을 모델링하고, 필요한 경우 이를 개선할 수 있도록 지원한다.

참고하세요!

• 신체 본뜨기 활동 후, 클레이 등 고체 재료를 사용하여 신체 형태를 만들어 본다.
• 신체의 형태와 선을 활용하여 감정이나 상태를 표현하는 작품을 만들어 본다.
• 각자의 신체 작품을 하나의 통합된 작품으로 완성하는 방법을 탐구해 본다.

59

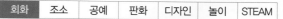 회화 | 조소 | 공예 | 판화 | 디자인 | 놀이 | STEAM

음악 듣고 함께 그리기

친구들과 함께 음악을 감상하며 상상의 나래를 펼치고 이를 공유하는 활동은 아동들의 상호작용과 창의성을 자극한다. 함께 아이디어를 나누고 발전시키며 협력하여 작품을 만들어 내는 즐거운 경험을 통해 자신의 생각을 표현하는 방법을 배우고, 다른 친구의 아이디어를 존중하고 수용하는 능력을 키울 수 있다.

대상 및 소요시간

대상: 만 8세 이상, 집단
소요시간: 50~70분

목표

소통과 협업 능력 향상, 창의성 증진

준비물

4절 또는 전지, 물감, 다양한 크기의 붓

방법

▼ 들어가기
① 음악을 감상한다.
② 감상 후 떠오른 이미지에 대해 서로의 생각을 공유한다.

▼ 활동하기
① 음악에서 받은 영감을 토대로 함께 공유할 수 있는 주제를 선정한 후, 작품으로 표현한다.
　작품 a
② 작품 a를 완성한 후, 작품에서 느껴진 감정이나 새로운 아이디어를 추가하여 또 다른 작품으로 표현한다. 작품 b

▼ 나누기
① 음악을 듣고 어떤 이미지들이 연상되었나요? 친구들과 함께 떠오른 이미지들에 대해 이야기를 나눕니다.
② 작품 a를 만들면서 가장 즐거웠던 부분은 무엇이었나요?
③ 작품 a를 만들면서 가장 어려웠던 점은 무엇이었나요? 어떻게 극복했나요?
④ 주제를 선정하거나 추가적인 아이디어를 더하는 과정에서 친구들과 의견이 다를 때, 어떻게 조율했나요?
⑤ 작품 b를 통해 원래 작품과는 다른 새로운 측면을 발견할 수 있었나요?
⑥ 두 작품의 제목은 각각 무엇인가요?

현장에서의 적용

• 의자를 원형으로 배치하여 아동들이 음악 감상에 집중하고 서로 의견을 나누기 쉬운 환경을 조성한다. 이를 통해 그룹 내 소통과 상호작용을 촉진한다.
• 각 아동의 붓의 특성(모양, 크기, 발림 정도 등) 및 그들이 선호하는 화지 크기를 고려하여 작업 환경을 조정한다. 이는 아동의 성향을 이해하고 자유롭게 표현할 수 있는 기회를 제공

한다.

- 음악 감상 후, 아동들이 연상한 이미지를 적절한 색상, 선, 모양 등을 사용하여 상징적으로 표현하도록 유도한다. 공통점과 차이점을 강조하여 아동들 간의 의견 교류를 활발히 할 수 있도록 돕는다.
- 협동 작업과정에서 아동들 간의 소통 태도와 빈도, 작업의 주도성 등을 관찰하고 파악한다. 또한 서로 신뢰를 형성할 수 있도록 돕는다. 이를 통해 그룹 내 협업 능력을 향상시키고 상호 간의 신뢰를 증진시킨다.

참고하세요!

- 조용하고 자극적이지 않은 음악, 특히 클래식이나 자연의 소리와 같은 종류의 음악을 활용하는 것은 아동들의 긴장을 이완하며 정서 안정과 집중력 향상에 도움을 줄 수 있다.
- 음악의 길이도 중요하다. 너무 긴 음악은 몰입을 방해할 수 있으므로, 일반적으로 3~5분 이내의 곡을 선택하는 것이 좋다. 이러한 짧은 곡들은 아동들의 주의를 집중시키고 활동에 몰입하게 도와준다.
- 음악과 미술을 결합한 활동은 아동들에게 직관적 예술 경험을 제공하고, 신체적이고 정서적인 감각을 활성화시키는 데 도움을 준다. 또한 무의식적으로 느낀 감정이나 상징적 이미지를 표현함으로써 자기이해를 증진시키고 자아 개발에 도움이 될 수 있다.

작품 a. **음악을 듣고 함께 그린 '나무'**

작품 b. **작품 a를 감상한 후 함께 그린 '백조와 호수'**

60

| 회화 | 조소 | 공예 | 판화 | 디자인 | 놀이 | STEAM |

점토 자연물 만다라 정원

자연물로 꾸민 만다라 정원에서 친구들과 의미 있는 소통을 경험해 보자.

자연친화적인 재료를 사용하여 원형의 정원을 만들며 심리적인 안정감을 느낄 수 있다. 이러한 만다라 정원은 개인의 경험을 통합하고, 집단원들 간의 소통과 상호 이해를 높이는 데 도움이 된다.

대상 및 소요시간

대상: 만 8세 이상, 집단

소요시간: 50~70분

목표

의사소통 증진, 관계 속 자기와 타인 이해 및 수용, 정서 안정

준비물

원형으로 자른 전지, 점토, 자연물(꽃, 나뭇잎, 돌, 곡물 등), 크레파스, 파스넷, 가위

방법

▼ 들어가기

① 자연물을 오감으로 탐색한 후, 떠오르는 이미지에 대한 생각을 공유한다.

② 점토를 탐색한 후, 친구들과 원형 모양의 점토판을 만든다.

▼ 활동하기

① 원형의 점토판에 꽃, 나뭇잎, 돌, 곡물 등 자연물을 사용하여 자유롭게 정원을 꾸민다.

② 완성된 점토 정원을 원형 종이에 배치하고, 작품과 어울리도록 남은 공간을 꾸민다.

▼ 나누기

① 자연물을 탐색한 후 연상된 이미지는 어떤 것들이 있나요?

② 정원을 꾸밀 때 친구들과 어떻게 의견을 나누고 협력했나요?

③ 정원과 주변에 그린 그림을 연결하여 친구들과 이야기를 만들어 보세요.

④ 정원을 만들면서 느꼈던 감정은 무엇이었나요?

⑤ 함께 만든 정원의 이름은 무엇인가요?

⑥ 정원을 보고 드는 생각이나 느낌을 한마디로 표현해 보세요.

현장에서의 적용

• 자연물을 탐색한 경험이 연상 이미지로 이어지도록 질문을 통해 유도한다(ex. "자연물이 당신에게 어떤 감정을 떠올리게 하나요?" "꽃을 보면 어떤 것이 떠오르나요?").

• 작업과정에서 서로의 의견을 나누고 협력하여 작품을 완성할 수 있도록 지원한다.

• 떠오른 이미지나 좋아하는 자연물 등의 경험을 공유하며, 이를 통합된 주제와 이야기로 발전시킬 수 있는 기회를 제공한다.

참고하세요!

- 책상에 미리 비닐을 깔아 두면 점토 작업 시 물을 사용할 수 있으며, 작업이 끝난 후에도 만다라 정원의 형태를 그대로 보관할 수 있다. 작품 a
- 자연물을 활용할 때는 미리 아동들의 민감성을 사전에 확인하고 민감 반응이 없는 재료를 선택하여 사용해야 한다.
- 입자가 작은 곡물을 점토에 배치하는 작업은 눈과 손의 협응력과 집중력 향상에 도움이 되어 발달 촉진 프로그램으로 활용할 수 있다.

작품 a. 만다라 정원 '시골 텃밭'

아동 3명의 협동 작품으로 각자의 성향과 특성을 존중하면서 함께 협력하는 과정이 나타났다. 활용 초반에는 자기표현에 소극적이던 아동이 조심스럽게 의견을 제시하고, 자기주장이 강한 아동은 소통 없이 의견을 내었지만, 다른 아동들의 상의하는 모습을 지켜보고 경청하며 함께 협력하는 모습을 보였다. 함께 의견을 나누고 자연 풍경을 테마로 정한 후, 각자의 장점을 살려서 표현하였고, 이를 통해 안정된 소통과 상호작용을 경험할 수 있었다.

61

| 회화 | 조소 | 공예 | 판화 | 디자인 | 놀이 | STEAM |

우리들은 자란다
(협동 숲 꾸미기)

각자의 개성이 담긴 나무들이 모여 큰 공원으로 조성되는 과정을 통해, '자아'를 상징하는 개별적인 요소들이 '집단' 소통의 공간으로 합쳐지는 과정을 경험한다. 함께 협의한 공원 테마에 맞춰 나무들을 꾸미면서, 자신과 타인의 시각을 받아들이고 친구들과 긍정적으로 소통하며 상호작용할 수 있는 기회를 갖는다.

대상 및 소요시간

대상: 만 9세 이상, 집단
소요시간: 60~80분

목표

자기와 타인 수용, 상호작용, 협력적 의사소통

준비물

폼보드, 색지, 수수깡, 폼폼이, 스팽글, 털실, 풀, 글루건

방법

▼ 들어가기

① 나무가 된 나의 모습과 친구들의 나무가 모인 숲을 상상하고 함께 대화를 나눈다.

② 함께 만들고 싶은 공원의 주제를 정한다.

▼ 활동하기

① 다양한 재료를 활용하여 나를 닮은 나무를 만든다.

② 친구들과 상의하여 나무의 위치를 정하고 공원을 함께 꾸민다. 작품 a

③ 완성한 숲의 이름을 정하고 함께 감상한다.

▼ 나누기

① 함께 만든 숲의 이름은 무엇인가요?

② 협동으로 만든 작품에서 각자의 역할은 무엇이었나요?

③ 나와 가장 가까이에 있는 나무, 가장 멀리 있는 나무는 누구인가요? 나무끼리 어떻게 소통할 수 있나요?

④ 먼 거리에 있는 나무를 만나려면 어떤 방법이 있을까요?

⑤ 작품을 감상하면서 느낀 감정과 생각을 공유해 보세요.

현장에서의 적용

• 아동이 표현한 나무의 형태, 표현 방식, 위치 등을 관찰한다. 예를 들어, 중앙에 크게 위치한 나무는 자신감이나 자신의 중요성을 나타낼 수 있다. 친구의 나무를 모방하거나 혼자 여러 그루의 나무를 만드는 행동은 그들의 사회적 관계와 관련된 내면적 상태를 반영할 수 있다.

• 작품에서 반복되는 주제나 패턴을 관찰하여 아동의 욕구와 문제를 이해하고, 상담 전략을 계획한다.

참고하세요!

- 나무는 다양한 문화와 신화에서 자주 사용되는 상징으로, 성장, 안정, 자아실현, 연결 등의 의미를 담고 있다. 아동의 작품에서 나타난 나무는 아동의 내면적 상태나 경험을 반영할 수 있다.
- 나무 기둥을 만들 때 색지 대신 휴지심이나 키친타월심을 사용하면 시간을 절약하고 완성도 있는 조형 작업이 가능하다.
- 입체 작업은 평면 작업보다 아동들의 흥미를 더 오래 유지하고 몰입시간을 증가시킬 수 있다. 이는 입체 작업이 아동에게 더 많은 감각적 경험을 제공하며, 다양한 시각적·촉각적·운동적 요소를 포함하기 때문 이다.

사례. 친구들과 협동 숲 꾸미기

또래 관계 개선을 목표로 한 미술치료 사례이다. 집단원이 공원을 함께 조성하는 과정을 통해 협력과 소통을 강화하고자 하였다. 초반에는 각 아동들이 자신만의 나무를 만들고자 했지만, 중앙에 큰 나무를 심은 아동이 다른 아동들에게 구름다리를 연결하자고 제안하면서 모든 아동이 함께 협력하여 공원을 조성하는 방향으로 전환되었다. 작품 a 이 과정에서 처음에는 소외를 경험한 아동이 자신만의 작업에만 집중했으나, 다른 아동의 아이디어를 수용하고 협력하면서 긍정적인 변화를 겪게 되었다.

작품을 완성하는 단계에서는 모든 아동들이 반짝이는 재료들로 공원을 장식하고, 서로의 작품을 설명하며 경청하는 시간을 가졌다. 이를 통해 소외를 경험한 아동은 의견 수용과 적응적인 사회적 태도를 향상시키고, 집단 내 긍정적 상호작용이 촉진되었다.

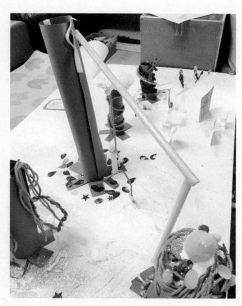

작품 a. **연결된 구름다리**

62

| 회화 | 조소 | 공예 | 판화 | 디자인 | 놀이 | STEAM |

안전기지 초대하기

편안하고 안전한 나만의 공간에 친구를 초대해 즐거운 게임을 해 보자.

마음에 드는 공간을 나누는 과정에서 의견을 조율하고 효과적인 의사소통을 연습할 수 있다. 또한 좋아하는 것들로 가득한 나만의 공간에서 심리적 안정감을 느낄 수 있다. 각자의 개성이 반영된 초대 방식과 꾸며진 공간을 통해, 나와 타인의 차이를 이해하고 자연스럽게 수용하는 경험을 하게 된다.

대상 및 소요시간

대상: 만 9세 이상, 집단

소요시간: 80~120분

목표

자아 인식과 상호작용 촉진, 친밀감과 신뢰감 형성, 다양성과 차이의 이해

준비물

색 마스킹테이프, 4절지, 사인펜, 폼폼이, 양면테이프, 우드락, 스티커, 공간 내 사물들

방법

▼ 들어가기

① 편안하고 안전한 공간에 대해 이야기 나누며 서로의 생각을 공유한다.

② 활동 공간 중 가장 편안하고 안전한 곳을 선택한다.

▼ 활동하기

① 선택한 공간에 마스킹테이프로 구역을 표시한다.

② 좋아하는 물건이나 재료 등을 활용해 나만의 공간을 자유롭게 꾸민다.

③ 해당 공간과 어울리는 문패를 제작하고, 방문자를 위한 미션을 함께 준비한다.

④ 친구들을 자신의 공간에 초대하여 준비된 미션을 수행한다.

⑤ 자신의 공간을 소개하고 이야기를 나눈다.

▼ 나누기

① 이 공간을 선택한 이유는 무엇인가요? 어떤 점이 가장 편안하게 느껴졌나요?

② 나의 공간 이름(문패)의 의미는 무엇인가요?

③ 기억에 남는 친구의 공간이나 방문 미션에 대해 이야기해 볼까요?

④ 그 공간이나 미션은 무엇이 특별했나요? 어떤 감정을 느꼈나요?

⑤ 어떤 점에서 친구의 공간이 내 공간과 비슷하거나 다른가요?

현장에서의 적용

• 아동이 심리적 안정감을 느끼는 물리적 공간에 대해 이야기를 하고, 이를 통해 가정, 학교 등에서의 적응도를 파악한다.

• 공간에 들어가려면 미션을 성공해야 한다는 게임 룰을 활용하여, 아동들이 각자의 심리적 경계를 이해하고 수용할 수 있도록 돕는다.

• 미션 게임 난이도를 조절하여 아동들의 심리적 안전기지 경계를 확인하고, 각각의 아동들 이 서로 다른 수준의 안전기지를 가지고 있다는 것을 이해하도록 돕는다.

• 초대 방문 미션 초반에는 적극적으로 개입하여 관계 형성을 유도하고, 이후에는 관찰자로 역할을 전환하여 아동들이 스스로 관찰하고 학습할 기회를 제공한다.

참고하세요!

• 집단의 규모와 활동의 난이도에 따라 더 많은 시간이 소요될 수 있다.
• 미술 매체와 다양한 소품들을 활용하여 활동의 다양성을 높일 수 있다. 이를 통해 참여자들이 창의적으로 상호작용하고 적극적으로 참여할 수 있는 환경이 조성된다.

63

| 회화 | 조소 | 공예 | 판화 | 디자인 | 놀이 | STEAM |

협동 섬 만들기
(무인도에 갇힌다면?)

친구들과 무인도에 갇혔을 때 협력하여 생존할 수 있는 방법은 무엇이 있을까?

점점 작아지는 신문지 위에서 서로 의지하며 문제를 해결하는 경험은 또래 간 친밀감을 높이는 데 효과적이다. 이후 무인도 생존이라는 가상의 상황을 작품으로 완성하는 과정은 의사소통을 자연스럽게 촉진시킬 수 있다.

대상 및 소요시간

대상: 만 9세 이상, 집단

소요시간: 50~60분

목표

의사소통 촉진, 협업 및 문제 해결 능력 증진

준비물

신문지, 색지, 찰흙, 수수깡, 나무젓가락, 토시, 앞치마, 비닐장갑, 천

방법

▼ 들어가기

① 팀을 나누어 신문지 무인도 게임*을 진행한다. 활동 a

② 팀원들과 함께 무인도에 갇힌 상황을 상상하고 이야기를 나눈다.

▼ 활동하기

① 팀별로 무인도의 상황을 선택한다(ex. 해적의 무인도, 고대 유적지의 무인도, 혼자가 아닌 친구와 함께 생존해야 하는 상황 등).

② 선택한 무인도 설정에 어울리는 테마를 정하고 다양한 재료를 이용해 자유롭게 꾸민다. 작품 a

▼ 나누기

① 작아지는 신문지 위에서 모두 살아남기 위해 어떤 계획을 세웠나요?

② 만일 무인도에 친구와 함께 갇힌다면, 어떻게 살아남을 것인가요?

③ 무인도에서는 리더십이 중요한 역할을 합니다. 어떤 사람이 리더가 될 것이며, 그 이유는 무엇인가요?

④ 친구들과 함께 무인도를 꾸미는 과정에서 어떤 의견을 나누었나요?

⑤ 의사소통이 원활하지 않을 때 어떤 방법으로 상황을 개선할 수 있을까요?

⑥ 무인도에서의 생존을 위해 가장 급선무는 무엇일까요? 이 문제를 어떻게 해결해 나갈 수 있을까요?

⑦ 무인도의 이름과 특징을 자세히 소개해 주세요.

현장에서의 적용

• 무인도의 상황을 선택하고 팀원들이 함께 상의하여 테마를 정하도록 한다.

• 무인도를 꾸미는 과정에서 다양한 과제를 해결하도록 도와주며, 상호작용하고 협력하여 문제 해결 능력을 향상시키도록 한다.

• 활동 종료 후, 참여한 경험과 감정을 공유한다. 무인도에서의 생존 활동을 통해 어떤 새로운 것을 배웠는지, 협력과 소통의 중요성을 느꼈는지에 대해 이야기한다.

참고하세요!

＊신문지 무인도 게임은 팀원들 간의 협력과 의사소통을 촉진하며 친밀감과 유대감을 형성하는 데 효과적이다. 이 게임은 평소 심리적인 거리와 경계가 있는 아동들에게 공동의 목표를 향해 적극적으로 참여할 수 있는 기회를 제공한다. 다음과 같은 방법으로 진행할 수 있다.

① 각 팀별로 신문지 1장을 제공한다.

② 참여자들에게 주어진 신문 1장으로 생존해야 한다고 설명한다.

③ 이 신문지를 사용하여 다양한 상황에서 어떻게 생존할지 상상력을 발휘하도록 안내한다.

활동 a. **신문지 무인도 게임**

작품 a. 특정 테마가 있는 섬 만들기

3명의 아동들이 각자 다른 섬에 살고 있는 상황에서 친구와의 만남을 주제로 활동을 진행하였다. 각 아동은 자신의 섬을 작은 섬, 숲이 우거진 섬, 긴 형태의 섬으로 표현하였고, 친구와 만나기 위해 배를 이용해 노를 저어 건너가기, 풍선을 활용해 이동하기, 연기를 피워 친구에게 신호를 보내기 등 다양한 방법을 시도하였다. 이후에는 바다에서 만날 수 있는 아지트를 정하고, 함께 모일 날짜를 정하여 문제를 해결하고자 하였다.

64

땅따먹기 영토 꾸미기

작은 땅에서 점점 영역을 넓혀 가는 경쟁적 활동을 통해 사회성을 향상시킬 수 있다.

이 활동은 안전한 규칙 안에서 팀을 나누고 소통하며, 팀 간의 대결을 통해 협력과 경쟁의 균형을 이해하고 의사소통을 향상시키는 데 도움을 준다. 땅따먹기를 통해 획득한 구역을 각 팀이 하나의 국가로 꾸미는 협동 작업은 공동의 책임감과 협력을 강화하는 경험이 될 것이다.

대상 및 소요시간

대상: 만 9세 이상, 집단

소요시간: 90~120분

목표

문제 해결 능력 향상, 사회적 상호작용 능력 및 협동심 강화, 창의적 사고력 증진

준비물

전지, 다양한 크기의 박스, 색연필, 매직, 스팽글, 색종이, 리본, 목공풀, 양면테이프, 글루건

방법

▼ 들어가기

① 2~3개로 팀을 나눈다.

② 각 팀마다 상징색을 정한 후, 땅따먹기 게임*을 진행한다.

▼ 활동하기

① 각 팀은 게임에서 확보한 영토의 형태에 맞추어 자신의 국가를 자유롭게 디자인하고 꾸민다. 작품 a

② 완성된 국가의 이름을 정한 후 다른 팀의 국가를 방문하여 서로의 국가를 소개한다.

▼ 나누기

① 땅따먹기 게임을 하면서 친구들과 어떤 의견을 나누었나요? 어려운 상황이 있었다면 어떻게 해결했나요?

② 국가를 만들고 소개하는 과정에서 의사소통할 때 어떤 점을 중요하게 생각했나요?

③ 팀원 간의 의견 충돌이 있었다면, 어떻게 그 문제를 해결했나요?

④ 게임하거나 영토를 꾸밀 때 특별히 기억에 남는 순간이 있었나요? 어떤 순간이었나요?

⑤ 다른 팀의 국가를 방문하면서 어떤 차이점을 발견했나요? 그 차이점은 무엇을 의미한다고 생각하나요?

현장에서의 적용

• 땅따먹기 게임용 전지를 활동 공간의 중앙에 부착하여 아동들의 기대감과 흥미를 유발한다.

• 팀 내에서 아동들의 역할 변화를 지속적으로 관찰하고 기록한다. 이를 통해 각 아동의 성향과 특성을 파악하고, 팀 내 협력과 의사소통을 촉진할 수 있다.

• 완성된 영토의 특성과 각 아동의 미술 작업 패턴을 비교하여, 아동들이 작업과정에서 의사소통과 협력의 중요성을 더 잘 이해할 수 있도록 돕는다.

• 작업과정에서의 의사소통과 협력에 대한 질문을 통해 아동들이 자신의 경험을 되돌아보

게 하고, 그 중요성을 깨달을 수 있도록 유도한다.

참고하세요!

* 땅따먹기 게임은 다음의 방법으로 진행할 수 있다.

① 각 팀은 같은 크기의 기본 영토를 부여받고 게임을 시작한다.

② 말을 세 번 이동시켜 기본 영토 안으로 들어오면 그 영역을 확장할 수 있다.

③ 시작점과 세 번의 이동 경로를 점으로 표시하고, 이 점들을 선으로 연결한다.

④ 다른 팀의 영토를 침범하거나 빼앗는 행동에 대한 규칙을 게임 시작 전에 미리 팀 간에 합의한다.

· 게임에 특정 테마를 적용하면 더욱 흥미롭고 창의적인 활동이 된다. 예를 들어, '땅, 하늘, 바다' 같은 테마를 선택하면, 각 팀이 해당 테마에 맞춰 영토를 창의적으로 꾸밀 수 있다.

· 활동에 몰입할 수 있도록 적절한 시간을 확보한다. 시간이 부족할 경우, 게임 횟수를 줄이거나 사용하는 종이의 크기를 축소하는 등의 방법을 고려할 수 있다.

작품 a. 우주 속 천왕성과 목성

65

비언어적 협동화

　　언어와 비언어적 소통을 통해 친구들과 마음으로 소통하는 과정이다. 점토로 상상력을 표현한 후, 주제에 맞춰 큰 종이에 그림을 말없이 이어 그리며 상대방의 생각과 의도를 이해하는 기회를 가진다. 그림이 완성된 후에는 언어를 통해 다름과 갈등 상황을 이해하고 수용하는 방법을 배우게 된다.

대상 및 소요시간

대상: 만 10세 이상, 집단

소요시간: 30~50분

목표

언어적·비언어적 의사소통 능력 향상, 창의적 협력 증진, 상호 이해와 갈등 조율

준비물

화지, 점토, 사인펜

방법

▼ 들어가기

① 점토를 사용하여 각자의 방식으로 자유롭게 상상한 이미지를 표현한다.

② 친구들의 점토 작품을 감상하며 공통된 특징과 차이점을 찾아본다.

▼ 활동하기

① 친구들과 함께 화지에 하나의 그림을 그린다. 주제를 설정하여 그려도 좋다(ex. 꿈의 정원, 미래 도시, 환상의 동물원 등).

② 말을 하지 않고 점토 작품을 종이 위에 배치하고, 한 명씩 돌아가며 그림을 이어 그린다.

③ 완성된 그림을 보면서, 말없이 협력하여 작업한 과정에 대해 이야기를 나눈다.

▼ 나누기

① 나와 친구의 점토 작품에서 공통점과 차이점은 무엇인가요?

② 말없이 그림을 이어 그릴 때, 상대방의 생각과 의도를 파악하기 위해 어떤 노력을 하였나요?

③ 말없이 그림을 이어 그릴 때 작업 중 발생한 어려움을 어떻게 해결했나요?

④ 말로 소통하는 것과 말없이 작업하는 것의 차이는 무엇인가요?

⑤ 말없이 작업하는 것이 의사소통 향상에 어떤 도움이 되었나요?

⑥ 작업하면서 다른 사람들과의 관계에 어떤 변화가 있었나요?

현장에서의 적용

• 점토 작업을 시작하기 전에 점토를 만지고 주무르는 시간을 제공하여 긴장을 풀고 편안한 상태에서 시작하도록 돕는다.

• 그림을 이어 그리기 전, 함께 규칙을 설정한다. 예를 들어, '작품을 손상시키지 않도록 한다' 등의 규칙을 정할 수 있다. 이를 통해 의사소통 능력을 향상시키고 집단 내 자기조절 및 공동의 성취를 경험할 수 있다.

• 활동 후, 언어와 비언어적 소통 방식의 차이와 어려움에 대한 나눔을 통해 서로의 생각 차이를 이해하고 존중하는 태도를 배운다.

참고하세요!

• 무언의 협동 그리기를 하기 전에 원하는 색상을 선택하고 색으로 감정이나 의견을 표현하는 활동을 진행해 본다. 이러한 활동은 상호 소통과 참여를 촉진하여 작업 환경을 긍정적으로 만든다.

• 각 아동이 자신의 감정을 그림으로 표현한 후, 다른 아동이 이를 연결하여 감정의 흐름을 나타내는 활동을 해 보자. 이를 통해 감정에 대한 이해와 공감을 증진시킬 수 있다.

• 또는 그림으로 특정한 문제나 상황을 표현하고, 이를 해결하는 방법을 그리는 활동을 통해 문제 해결 능력과 협업 능력을 향상시킬 수 있다.

📖 참고문헌

이재찬, 김정룡(2019). 자율감각쾌락반응(ASMR) 사운드 콘텐츠의 이완효과 분석. 전자공학회논문지, 56(3), 139-145.

Hinz, L. D. (2009). *Expressive Therapies Continuum: A Framework for Using Art in Therapy*. New York: Routledge.

James, S. R., Nelson, K., & Ashwill, J. (2014). 근거기반실무 중심의 아동간호학 상권(*Nursing Care of Children*). 박은숙, 박인숙, 박호란, 신희선, 김은경, 전화연, 오원옥, 김동희, 박선남, 신현숙 역. 서울: 현문사.

James, V. L., Thomas, P. O., & Lucy, R. J. (2017). Autonomous Sensory Meridian Response: What is it? and Why should we care? *Indian Journal of Psychological Medicine, 39*(2), 214-215.

Perez, K. (2013). *The New Inclusion: Differentiated Strategies to Engage All Students* (p. 145). New York: Teachers College Press.

Susan, R. J., Kristine, A. N., & Jean, W. A. (2014). 근거기반실무 중심의 아동간호학 상권(*Nursing Care of Children*). 박은숙, 박인숙, 박호란, 신희선, 김은경, 전화연, 오원옥, 김동희, 박선남, 신현숙 역. 서울: 현문사.

Chapter 7

창의성 증진을 위한 미술치료기법

창의성(creativity)은 새로운 아이디어를 생성하고 문제를 해결하는 역량으로, 환경에 대한 민감성과 호기심을 바탕으로 다양한 자극에 개방적으로 반응하고, 이를 유연하게 조합하며 독창적으로 사고하는 능력을 의미한다.

미술치료에서는 창의성을 중요한 특성으로 간주하며, 이는 새로운 아이디어를 표현하고 다양한 경험을 쌓으며 참여의 자발성을 촉진하는 방향으로 접근된다. 이를 통해 아동은 자유롭게 표현하고 자신의 내적 세계를 탐구함으로써 창의성을 발휘하게 된다. 이 챕터에서는 주로 다양한 매체와 표현기법을 활용하여 다양한 주제로 접근함으로써 창의성 증진을 돕는 미술치료기법을 소개한다.

66

| 회화 | 조소 | 공예 | 판화 | 디자인 | 놀이 | STEAM |

데칼코마니

데칼코마니로 찍힌 예상치 못한 무늬를 보며 무엇이든 상상해 볼 수 있다.

우연히 나타난 화려한 색채와 알 수 없는 좌우 대칭 형태는 상상력을 자극하며, 흥미와 즐거움을 선사한다.

대상 및 소요시간

대상: 만 4~5세 이상, 개인 및 집단

소요시간: 20~40분

목표

상상적 경험, 흥미 유발

준비물

화지, 수채화 물감, 크레파스, 도톰한 실

방법

▼ 들어가기

① 데칼코마니 예시작을 감상한다.

② 원하는 색상의 물감을 좌우 대칭으로 찍어 보면서 대칭과 데칼코마니 기법의 원리를 체험한다.

▼ 활동하기

① 반으로 접은 도화지의 한쪽 면에 다양한 색상의 물감으로 자유롭게 바른다.

② 도화지에 다른 한쪽 면을 덮어서 찍은 후, 우연히 생성된 이미지를 관찰하며 연상되는 것들을 자유롭게 생각해 본다. 작품 a

③ 종이 중간에 실이나 나무젓가락을 끼워 새로운 데칼코마니 이미지를 만든다.

④ 완성된 작품들을 살펴보고, 연상되는 것들을 작품 위에 직접적으로 표현하거나, 새로운 화지에 표현한다. 작품 b

⑤ 물감이 마른 후, 무늬의 모양을 원하는 대로 잘라 붙이고, 상상 이야기를 구성한다.

▼ 나누기

① 좌우 대칭인 이미지를 보고 어떤 것이 연상되었나요?

② 실이나 나무젓가락과 같은 다양한 매체를 사용해 본 경험에서 어떤 차이가 있었나요?

③ 마른 물감의 무늬를 보고 떠올랐던 생각이나 이미지가 있었나요?

④ 잘라 붙인 이미지를 바탕으로 상상한 이야기를 만들어 보세요. 그 이야기가 전달하고자 하는 메시지가 있나요?

현장에서의 적용

• 데칼코마니의 개념을 소개하고 도입 이미지를 활용하여, 좌우 대칭과 우연성에 대한 이해를 돕는다[ex. 르네 마그리트(René Magritte)의 데칼코마니 작품 c, 데칼코마니 디자인, 로르샤흐 잉크 반점 등].

- 도톰한 실, 나무젓가락 등 다양한 매체를 제공하여 아동의 창의성을 촉진하고 참여도와 몰입을 높인다.
- 우연적으로 생성된 이미지의 해석을 통해 아동의 현재 심리 상태와 무의식적 반응을 이해한다. 이를 통해 치료사는 아동의 상상력, 개인적인 경험, 감정, 욕구 등을 파악하고 상담의 방향을 조절할 수 있다.
- 연상된 이미지와 단어들을 활용해 상상 이야기를 만들며 창의적 사고를 확장한다. 이러한 활동은 아동이 다양한 시각에서 문제를 바라보게 하는 능력을 기르며, 내적 세계를 탐구하고 자아를 이해하는 데에도 도움이 된다.

참고하세요!

- 유리판 위에 물감을 바르고 색지나 한지 등을 활용하여 다양한 방법으로 데칼코마니를 시도해 보자.
- 크레파스로 그림을 그린 후, 화지를 덮고 다리미로 열을 가하면 색다른 데칼코마니 작품을 만들 수 있다.

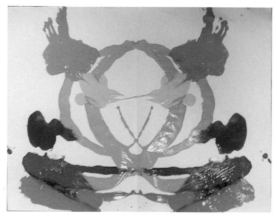

작품 a. **우연히 형성된 대칭적인 이미지**

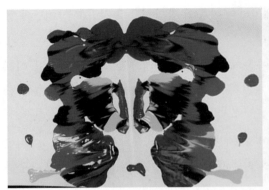 

작품 b. 데칼코마니 작품 감상 후, 자유롭게 물감을 다루며 무의식 확장하기

작품 c. 르네 마그리트의 〈La Décalcomanie〉(1966)

67

피자 아티스트
(푸드 아트 1)

다양한 재료를 활용하여 세상에 하나뿐인 나만의 피자를 만들어 보자.

음식 재료를 활용하여 시각적으로 표현하고, 요리로 완성함으로써 상상력과 아이디어를 증진시킬 수 있다. 뿐만 아니라, 오감을 활용하여 조리 과정과 열에 의한 변형을 경험함으로써 과학적인 원리를 이해하고 이를 실제 활용하는 능력도 함께 향상시킬 수 있다.

대상 및 소요시간

대상: 만 4세 이상, 개인 및 집단

소요시간: 50~60분

목표

다양한 감각 체험과 활동, 과학적 이해와 융합적 사고, 창의적 사고 촉진

준비물

호떡 믹스, 플라스틱 칼, 여러 가지 색상의 토핑 재료, 실리콘 도마, 오븐 또는 에어프라이어, 반죽 그릇, 물

방법

▼ 들어가기

① 다양한 형태와 디자인의 피자 아트를 감상하며, 세상에 하나뿐인 나만의 피자 디자인을 상상해 본다.

② 토핑 및 요리 재료들을 오감으로 탐색하고, 밀가루를 반죽해 피자 도우를 준비한다. 작품 a

▼ 활동하기

① 준비된 도우를 원하는 모양으로 펼치고 상상력을 발휘하여 피자를 디자인한다. 작품 b

② 오븐에 넣은 피자가 오븐 속에서 어떻게 변화하는지를 관찰한다.

③ 오븐에서 나온 피자의 모양을 감상하고, 맛을 보며 활동 경험에 대해 이야기를 나눈다.

▼ 나누기

① 세상에 하나뿐인 피자라면, 어떤 모양일까요?

② 피자를 만드는 과정에서 가장 흥미로웠던 부분은 무엇인가요?

③ 피자가 오븐에 들어가기 전과 후에 어떻게 달라졌나요?

④ 여러분이 만든 특별한 피자와 기존 피자는 어떤 차이점이 있나요?

⑤ 나의 피자에 어떤 이름을 붙이고 싶나요?

현장에서의 적용

• 아동들에게 보라색 피자, 꽃 만다라 등 다양한 피자 아트 이미지를 제공하여 표현의 경계를 넓히고 독창적인 아이디어를 자유롭게 발휘할 수 있도록 독려한다.

• 다양한 종류와 색상의 토핑 재료(ex. 꽃, 초콜릿, 과자 등)를 제공하여 창의성을 발휘할 수 있도록 돕는다.

• 밀가루 반죽을 준비하여 재료의 색, 냄새, 물의 조절 등을 통해 감각을 활용하고 확산적 사고를 촉진한다. 이 과정은 아동의 뇌기능을 활성화시키고 창의성을 향상시키는 데 도움이 된다.

• 발효된 도우를 만들고 피자가 구워지는 과정을 관찰함으로써, 요리의 과학적 원리를 이해

하고, 예술, 과학, 요리의 융합적 사고를 경험하도록 한다.
- 집단 활동 시 다른 아동의 피자를 감상하고 함께 시식하며 아이디어를 공유함으로써 사고
의 폭을 확장시킨다.

참고하세요!

- 밀가루 대신 호떡 믹스를 사용하면 발효 과정이 생략되어 활동 소요시간을 단축할 수 있다. 식빵을 도우
로 사용하는 것도 활동을 효율적으로 진행할 수 있는 방법 중 하나이다. 작품 c
- 전면이 투명한 오븐이나 에어프라이기를 사용하면 열에 의한 변형 과정을 직접 관찰할 수 있다. 이는 과
학적인 경험을 강화하고 융합적 사고를 확장하는 데 도움이 된다.

작품 a. **밀가루를 반죽하며 감각 활성화하기**

작품 b. **밀가루 반죽 도우를 활용한 피자 작품**

작품 c. 식빵 도우를 활용한 피자 작품

68

회화 | 조소 | 공예 | 판화 | **디자인** | 놀이 | STEAM

과자 세상
(푸드 아트 2)

과자가 위트 있는 아트 작품으로 탄생한다.

음식을 예술 작품으로 변화시키는 경험은 창의성을 높이고 새로운 사고방식을 유도한다. 음식물을 예술적으로 바라보는 새로운 시각을 제시하며, 친숙한 과자를 창의적인 작품으로 활용할 수 있는 가능성을 탐색한다.

화지와 물감 대신에 과자와 물엿, 잼 등을 활용해 보며 새로운 시도와 창의적인 문제 해결 과정을 경험해 보자!

대상 및 소요시간

대상: 만 5세 이상, 개인 및 집단

소요시간: 30~40분

목표

창의력 증진, 사고의 전환 및 확장

준비물

뻥튀기 과자, 다양한 종류의 과자, 초콜릿, 잼, 물엿

방법

▼ 들어가기

① 과자를 활용한 푸드 아트 작품을 감상하며 다양한 표현 방법을 관찰한다.

② 과자를 오감으로 탐색하며 모양, 질감, 강도 등을 확인한다.

▼ 활동하기

① 원형 뻥튀기 과자에 다양한 과자들을 조합하며 작품을 구성한다. 작품 a

② 다양한 종류의 과자와 다른 재료들을 활용하여 자유롭고 창의적인 아트워크를 만들어 본다. 작품 b

▼ 나누기

① 다양한 과자 모양들을 보며 어떤 것들이 떠올랐나요?

② 원하는 모양을 표현하기 위해 어떤 방법들을 시도했나요?

③ 나와 친구들의 작품에서 어떤 점들이 인상적이었나요?

④ 자신의 작품을 다른 사람에게 설명할 때, 특히 어떤 점을 전달하고 싶나요?

⑤ 과자 작품의 제목은 무엇인가요?

현장에서의 적용

• 과자 아트를 감상하면서 작품의 표현이 다양하고 무한하다는 것을 이해하고 창의적 사고를 향상할 수 있도록 한다.

• 다양한 재료의 특성을 유추하고 이를 연계하는 과정을 통해 아동들이 사고를 확장하고 문제 해결 방법을 찾아 적용할 수 있도록 한다. 예를 들어, 끈적한 특성의 물엿과 잼을 미술 매체로 활용하거나 과자를 접착제로 사용하는 등의 사고를 유도한다.

• 재료의 양을 조절하는 미션을 통해 제한된 상황에서도 창의적으로 접근하며 표현할 수 있는 기회를 제공한다.

참고하세요!

- 다양한 음식 재료를 활용하여 창의적으로 푸드 아트를 만들어 보는 과정은 아동의 발달에 도움을 줄 수 있다. 예를 들어, 쿠키를 만들 때 쿠키 모양 찍기와 초코펜 사용, 스프링클 꾸미기 등의 활동은 아동의 손끝 미세운동 능력을 향상시키고, 시각적 지각 능력을 발전시킬 수 있다. 작품 c
- 미술과 요리를 결합한 푸드 아트 테라피는 아동의 자기표현과 창의성을 증진시키는 데 효과적이다. 이를 통해 아동들은 저항감 없이 자신의 상상력과 창조를 발휘할 수 있으며, 성취감을 경험할 수 있다(이성혜, 김현숙, 2019).

작품 a. 단단한 집

작품 b. 바나나 무인도와 바다 외

작품 c. **쿠키 만들기**

69

| 회화 | 조소 | 공예 | 판화 | 디자인 | 놀이 | STEAM |

돌에 그림 그리기

화창한 날 산책하며 주운 평범한 돌에 그림을 그려 나만의 특별한 작품을 만들어 보자.

울퉁불퉁 저마다 다른 모양을 가진 돌에 무엇을 그릴지, 어떻게 표현할지 탐구하며 자연스럽게 독창적인 사고 과정을 경험하게 된다. 자연 속에서 발견한 돌을 다양한 미술 재료와 결합하여 활용함으로써 생태 감수성을 키우고 사고를 확장하며 예술적인 표현을 촉진할 수 있다.

대상 및 소요시간

대상: 만 5~6세 이상, 개인 및 집단

소요시간: 40~50분

목표

사고의 독창성, 사고의 확장, 생태 감수성 형성

준비물

돌, 아크릴 물감, 붓

방법

▼ 들어가기

① 주변의 다양한 자연물을 발견하고 소통하며 자연을 경험한다.

② 자연 속에서 선택한 돌을 손으로 만져 보며 모양과 질감을 탐색하고, 떠오르는 이야기를 함께 나눈다. 활동 a

▼ 활동하기

① 자연물을 발견하고 소통하며 받은 영감을 바탕으로 선택한 돌에 자유롭게 그림을 그린다. 작품 a

② 여러 개의 돌 그림들을 하나로 모아 공동 작품으로 완성한다. 작품 b

③ 완성된 돌 그림 작품을 감상하고, 작품에 담긴 이야기를 나눈다.

④ 완성된 작품을 자연 속에 원래의 자리에 다시 배치하여 본다.

▼ 나누기

① 우리 주변에서 돌을 활용해 만든 것들은 어떤 것들이 있나요?

② 다양한 모양의 돌을 보며 떠오른 생각이나 이야기를 자유롭게 나눠 보세요.

③ 화지와 돌에 그림을 그리는 것의 차이점은 무엇인가요?

④ 작품의 제목은 무엇인가요?

⑤ 완성된 작품이 자연 속에서 보여졌을 때, 어떤 감정이 느껴지나요? 그 감정이 어떤 의미를 가지나요?

현장에서의 적용

• 야외에서 자연물을 탐색하면서 모든 감각을 사용하여 자연과 상호작용하고 자연이 일상 속 생활공간임을 깨닫게 한다. 이는 확장적인 사고를 유도하는 기회를 제공한다.

• 돌을 탐색하면서 특이한 점을 발견하고, 돌이 되었다면 어떤 모습일지를 상상하고 몸동작으로 표현하는 등 새로운 관점에서 바라보며 유연한 사고를 촉진한다.

• 완성된 작품을 자연 속 원래의 자리로 돌려보냄으로써 인간과 자연의 상호 관계의 중요성을 이해하고, 시간의 흐름을 경험하며 생태 감수성을 형성할 수 있는 계기를 마련한다.

참고하세요!

• 아동이 직접 자연에서 재료를 선택함으로써 자연과의 상호작용을 경험하며 즉흥적인 문제 해결에 도전하는 기회를 얻게 된다. 이러한 자연 체험 미술활동은 자연친화적인 태도를 증진시키고, 감각적으로 문제를 해결하면서 아동의 인지 및 사회성 발달에 도움을 준다.

• 야외 활동 시 돌과 다양한 자연물들을 활용하여 간단한 만다라를 만들어 보자.

• 유성 마카는 아크릴 물감보다 쉽게 다룰 수 있으며, 야외 활동이나 낮은 연령대의 아동들과 함께 할 때 특히 적합하다.

활동 a. **자연 속에서의 돌을 선택하고 모양과 질감 탐색하기**

작품 a. **자연에서 받은 영감을 돌 위에 표현하기**

작품 b. 여러 개의 작품을 모아 하나의 작품으로 완성하기

70

| 회화 | 조소 | 공예 | 판화 | 디자인 | 놀이 | STEAM |

거미가 된다면

동화는 이야기 속 대상을 상징적으로 표현하여 창의력을 자극하는 데 효과적인 매체이다. 동화 속 캐릭터나 상황들은 현실 세계의 복잡한 개념을 단순하게 상징화하여 보여 주어 아동에게 다양한 감정과 생각을 자극하고 상상력을 활성화한다. 이러한 상징들은 조형 작업을 통해 시각적으로 표현되며, 정서적이고 인지적인 사고의 확장을 돕는다.

대상 및 소요시간

대상: 만 6세 이상, 개인 및 집단
소요시간: 50~70분

목표

창의적 감수성 향상, 사고 확장, 사고의 독창성, 흥미 유발

준비물

박스 테이프, 색지, 신문지, 모루, 눈동자, 폼폼이, 글루건, 털실, 색노끈

방법

▼ 들어가기
① 거미에 대한 동화를 함께 읽고, 거미에 대한 생각이나 느낌을 서로 나눈다.
② 거미에 대한 다양한 인식과 감정을 공유하고 이해한다.

▼ 활동하기
① 박스 테이프로 빈 공간 안에서 거미가 되어 거미줄을 자유롭게 만든다. 활동자료 a
② 만들어진 거미줄 위에 다양한 재료를 활용하여 거미의 모습을 꾸며 본다. 작품 a
③ 완성된 작품을 감상하고 작품이 연상시키는 이야기나 감정을 표현한다. 작품 b

▼ 나누기
① 평소 거미에 대해 어떻게 생각하고 있는지에 대해 이야기합니다.
② 거미에 대한 동화를 읽고 거미에 대해 새롭게 알게 된 사실이나 생각은 무엇인가요?
③ 거미줄에는 어떤 의미가 담겨 있을까요? 우리의 일상에서 거미줄이 의미하는 것은 무엇일까요?
④ 거미의 삶에는 어떤 도전과 어려움이 있을까요? 그것을 어떻게 이겨 낼 수 있을까요?
⑤ 거미가 되어 자신만의 거미줄을 만들 수 있다면, 어떤 모양과 색상으로 표현할지 상상해 봅니다.
⑥ 거미 왕국을 건설하기 위해 거미들이 협력해야 한다면, 각 거미들은 어떤 역할을 맡아야 할까요?
⑦ 거미줄 작품에 추가하고 싶은 것이 있나요? 그 이유는 무엇인가요?
⑧ 하루 동안 거미가 된다면 느낄 감정과 생각을 상상하고 나눕니다.

현장에서의 적용

• 거미 동화에서 나오는 거미의 특성과 거미줄의 다양성을 탐구하며, 거미의 사냥 전략과 행동 패턴을 이해한다.

- 다양한 꾸미기 재료를 사용하여 거미줄 위에 모양을 꾸미면서 창의적 사고와 표현을 촉진한다.
- 동화를 바탕으로 표현한 작품이 실제와 다를 수 있지만, 그것이 가지는 의미와 표현의 자유를 존중한다. 이를 통해 창의적 사고를 촉진하고, 상상력을 활용하여 새로운 아이디어를 발전시키도록 돕는다.
- 아동이 실패를 두려워하지 않고 자유롭게 시도하고 실험할 수 있도록 지원하여 창의성을 유발하고 자신감을 향상시킨다.

참고하세요!

- 거미에 대한 거부감을 완화하고 흥미를 유발하기 위해 부드럽고 따뜻한 느낌의 동화[ex. 『안녕, 거미야!』 (Oftring & Müller, 2016) 등]를 선택한다.
- 활동을 진행할 때는 열린 공간이나 벽과 벽 사이와 같은 빈 공간을 활용하여 박스 테이프로 거미줄을 만들어 나간다.
- 아동의 연령과 발달 수준에 따라 표현되는 거미줄과 거미의 특징을 관찰한다. 이를 통해 아동의 창의력과 문제 해결력을 살피고, 이를 바탕으로 추후 회기 전략을 마련하도록 한다. 작품 a, b

활동자료 a. 거미줄 표현을 위한 공간 활용 예시

작품 a. 9세 남아와 11세 여아의 거미 조형 작품

초등학교 저학년과 고학년 아동의 미술 발달 단계 및 인지, 사회적 측면의 차이를 확인할 수 있는 거미 조형 작품이다. 저학년 남아의 작품에서는 사실적 표현과 상상 속 표현이 혼재되어 있다. 작품의 형태가 단순하고, 아동은 여러 개의 거미를 만드는 데 집중했다. 여섯 개의 다리, 문어 같은 머리와 눈동자, 글루건 실로 만든 거미줄 등을 통해 동화 속 캐릭터 같은 느낌을 표현하였다. 고학년 여아의 작품이 보다 사실적이며 외부 상황까지 묘사하고 있다. 또래 친구들과 협업하여 완성했으며, 관절이 꺾이는 다리, 발에 끈적이가 붙은 잎사귀, 거미줄에 걸린 먹이 잡는 모습 등을 통해 실제 거미의 신체 구조와 행동을 세심하게 관찰하고 이해한 후 작품에 반영하였다.

  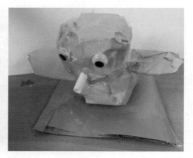

작품 b. 거미 조형 작품 감상 후 연상 작업/9/M, 10/M, 11/F

초등학교 2, 3, 4학년 아동들이 거미줄과 거미 작품을 감상한 후 연상 작업을 통해 제작한 작품이다. 초등학교 2학년 남아는 언어 및 인지 지연에도 불구하고, 또래와 어울리며 느낀 즐거운 감정을 표정으로 표현했다. 가정 내 돌봄 이슈를 가진 3학년 남아는 활달한 성향을 반영하여 큰 거미줄 위에 자신만의 작은 거미줄과 곤충들을 그려 넣었다. 안정적인 정서를 지닌 4학년 여아는 거미줄을 거미의 안전한 보금자리로 인식하고 새와 새둥지를 연상하였다. 이 작품들을 통해 아동들의 자기중심적 · 사실적 · 상징적 표현의 미술 발달 단계와 각기 다른 정서적 측면을 파악할 수 있다.

71

회화　조소　공예　판화　디자인　놀이　STEAM

그림자 인형극 놀이

그림자 인형극 놀이를 통해 창의력이 쑥쑥!

빛과 그림자가 조화를 이루며 새로운 상상 세계를 만나게 되고, 다양한 이야기와 모험을 떠올리게 된다. 빛의 변화에 따라 달라지는 그림자를 관찰하면서 원근과 3차원의 공간을 체험하게 되며, 이를 통해 융합적 사고 능력이 향상된다.

또한 그림자 인형극은 스토리가 더해진 미술활동으로, 다양한 예술적 표현을 경험하며 창의적인 사고를 촉진한다.

대상 및 소요시간

대상: 만 7세 이상, 집단

소요시간: 60~70분

목표

융합적 사고 촉진, 상상력 발휘, 협력과 소통 강화, 예술적 감수성 증진

준비물

전지, 전등(후레시), 파스텔, 매직, 박스, 테이프

방법

▼ 들어가기

① 그림자 인형극이나 실루엣 아트 영상을 감상한다.

② 소품이나 신체 부위를 빛으로 비추어 그림자를 탐색하는 활동을 진행한다. 활동 a

▼ 활동하기

① 벽에 생긴 그림자 모양을 따라 친구들과 함께 그림자 외곽선을 그린다.

② 그림자 그림을 감상하며 각자가 떠오르는 이야기를 나눈다.

③ 그림자 인형극을 위한 주제를 정하고 간단한 박스 가판대를 만든다.

④ 막대 인형을 만든다. 작품 a

⑤ 배경 그림 앞에서 그림자 인형극을 한다.

▼ 나누기

① 빛 조절에 따라 달라지는 그림자를 보며 무엇이 떠오르나요?

② 가장 재미있었던 그림자 모양을 발견하고, 각자가 그것을 다른 방식으로 표현하는 방법을 상상해 봅니다.

③ 여러 개의 그림자가 겹쳐진 모습을 보며 떠오르는 이야기를 함께 나눕니다.

④ 인형극의 주제와 캐릭터에 대한 각자의 아이디어를 나눠 봅니다. 다양한 관점에서 상상력을 발휘하여 이야기를 만들어 봅니다.

현장에서의 적용

• 어둠에 공포나 불안을 느끼는 아동을 위해 일부 공간을 어둡게 만들고 한쪽 면이 열린 박스 등을 활용하여 안정감을 느낄 수 있는 환경을 조성한다.

• 배경화면은 그림자 연극의 주제와 분위기에 맞게 선택하고 반사가 적은 무광의 표면을 가진 배경 그림을 선택하여 그림자가 잘 투영되도록 한다.

• 빛의 변화를 통해 그림자의 크기와 선명도를 조절하여 다양한 시각적 효과를 얻는 것은 과

학적 이론과 미술적 표현이 결합된 활동이다. 이를 통해 아동들은 창의적 사고를 촉진할 수 있다. 예를 들어, 선명한 그림자에는 진한 색을 사용하여 그림자의 형태를 강조하고, 흐릿한 그림자에는 부드러운 색조를 적용하여 그림자의 효과를 부각시킴으로써, 아이들은 상상력을 발휘하고 문제 해결 능력을 키우며, 미술적인 표현력을 향상시킬 수 있다.

참고하세요!

- 작은 공간에서는 LED 랜턴과 같은 조명을 사용하고, 넓은 공간에서는 충분한 광량을 제공하는 빔 프로젝터와 같은 조명을 선택하여 적절한 환경을 조성한다.
- 셀로판지를 활용한 그림자 인형은 빛과 색의 혼합을 이해하고 예술에 적용하는 방법을 배울 수 있어, 아동의 사고를 확장시킬 수 있다.
- 인형과 그림자는 대상의 내면을 반영하는 분신의 역할을 하며, 인형극 놀이를 통해 자연스러운 정서 표출이 가능하다.

활동 a. 소품이나 신체 부위를 활용한 그림자 탐색 활동

작품 a. 그림자 인형

72

내 마음의 바다

내 앞에 즐거운 기억의 바다가 펼쳐진다면 어떤 모습일까?

내 마음의 바다는 아동들의 호기심과 탐구심을 자극하며, 과학적 원리를 미술활동을 통해 탐구할 수 있는 기회를 제공한다. 물의 부력과 굴절 등 과학적 현상을 관찰하고 이해함으로써 융합적 사고와 창의성을 촉진한다. 또한 각도에 따라 변화하는 바다의 모습을 탐구함으로써 유연하고 탄력적인 사고를 경험할 수 있다.

대상 및 소요시간

대상: 만 7세 이상, 개인 및 집단

소요시간: 40~60분

목표

융합적 사고 향상, 창의성 촉진, 다양한 감각 경험, 표현력 향상

준비물

스탠드 지퍼백, 물, 수채화 물감, OHP 필름, 스팽글, 반짝이 풀, 매직, 색모래, 폼폼이

방법

▼ 들어가기

① 지난 물놀이 경험을 나누며, 즐거웠던 순간들을 함께 공유한다.

② OHP 필름을 물속에 넣고 여러 각도에서 탐색하면서 물속에서 물체의 모습이 달라지는 현상을 관찰한다.

▼ 활동하기

① OHP 필름에 자유롭게 물놀이와 관련된 모습을 그려 표현한다.

② 지퍼백에 물감을 풀어 물을 채우고, 나만의 바다 색상을 만든다.

③ OHP 필름 그림과 다양한 꾸미기 재료를 지퍼백에 넣고 밀봉하여 작품을 만든다. 작품 a

④ 지퍼백 겉면을 자유롭게 꾸미며 나만의 바다를 완성한다. 작품 b

▼ 나누기

① 물놀이를 하며 경험한 다양한 감각들을 함께 나눕시다(ex. 색깔, 냄새, 소리, 맛, 감촉 등).

② OHP 필름 그림을 물에 넣었을 때 발견한 점이 있나요? 물에 넣으면 그림이 달라 보이는 이유는 무엇일까요?

③ 작품의 제목은 무엇인가요?

④ 작품에 담긴 나의 바다에 대해 이야기 나눕니다.

현장에서의 적용

• OHP 필름을 여러 각도에서 관찰하고 각도에 따라 다르게 보이는 특성을 발견할 수 있는 기회를 제공한다. 이를 통해 아동들은 관점의 차이를 이해하고 시각적 다양성을 경험하며 인지적 유연성을 촉진할 수 있다.

• 아동들이 물놀이를 하며 경험한 날씨, 온도, 색깔, 냄새, 소리 등을 상기시키며, 이러한 다양한 경험을 작품에 어떻게 표현할지에 대한 아이디어를 유도한다. 이를 통해 아동의 사고를 확장시키고 창의성을 촉진한다.

- 작품 완성 후, 움직이는 지퍼백 바다를 관찰하고 필름의 물속 이동 속도와 색상 차이에 대해 이야기하며, 이러한 현상에 대한 과학적 원리를 이해하고 융합적 사고를 유도한다.
- 현실 검증력이 부족한 아동들에게는 실제 사물을 그리는 등의 구체적이고 사실적 표현이 가능한 기법을 적용하여 구조화된 개입을 제공한다. 이를 통해 아동의 현실적 표현력을 강화하고 사고력을 발전시킬 수 있다.

참고하세요!

- 물감을 섞은 물에 기름을 넣으면 서로 분리되는 현상으로 전반사 굴절과 같은 과학적 원리를 경험하고 이해할 수 있다.
- 물의 양은 지퍼백 높이의 50~60% 정도가 적당하며, 이를 준수하여 밀봉 시 물이 넘치지 않도록 조절한다.
- 수채화 물감을 과다하게 사용하면 물이 불투명해지므로 적절한 양을 사용하도록 한다.
- 바다나 물놀이 관련 동화를 활용하여 활동을 시작함으로써 아동의 상상력을 더욱 풍부하게 발전시킬 수 있다.
- 투명 페트병을 이용하여 수족관을 만드는 활동은 다양한 체험과 학습 기회를 제공하는 효과적인 방법이다.

작품 a. **나만의 바다 풍경 만들기(안)**

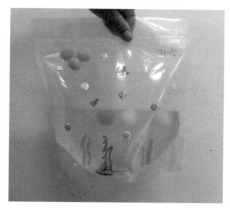

작품 b. 나만의 바다 풍경 만들기(밖)

73

회화 | 조소 | 공예 | 판화 | 디자인 | 놀이 | STEAM

공룡 나라 화산 폭발

화산이 폭발하는 공룡시대로 여행을 떠나 보자!

공룡들이 왜 사라졌는지에 대한 궁금증을 탐구하면서, 실제 지구에 존재했던 공룡들을 형상화하여 사고의 폭과 깊이를 넓혀 나갈 수 있다. 또한 화산을 모델링하고 폭발시키며 영상을 촬영하는 활동을 통해 지질학적인 원리, 화학 반응, 그리고 기술적 적용을 융합하여 사고력과 창의성을 향상시킬 수 있는 경험을 쌓게 될 것이다.

대상 및 소요시간

대상: 만 7세 이상, 개인 및 집단

소요시간: 50~60분

목표

상상력과 창의성 증진, 사고의 확장, 융합적 사고 향상

준비물

박스, 테라 점토, 요구르트 병, 베이킹 소다, 수채화 물감, 식초, 쿠킹호일

방법

▼ 들어가기

① 공룡과 관련된 동화를 읽고 그 당시의 환경과 공룡이 사라진 이유에 대해 이야기를 나눈다.

② 테라 점토를 탐색하며 공룡시대 지형, 화산 등을 상상해 본다.

▼ 활동하기

① 요구르트 병에 점토를 감싸 화산을 만들고 상상 속 공룡시대 지형을 표현한다.

② 주변 지형과 어울리는 생물체들을 자유롭게 모델링하여 배치한다. 작품 a

③ 화산에 베이킹 소다, 물감, 식초를 넣어 폭발하는 과정을 관찰한다.

④ 화산 폭발 장면을 동영상으로 촬영하고 함께 감상한다. 작품 b

⑤ 화산 폭발 후 달라진 공룡 나라의 모습을 재배치하고, 이에 대해 이야기를 나눈다.

▼ 나누기

① 내가 상상하는 공룡시대는 어떤 모습인가요? 어떤 생물들이 살고 있었을까요?

② 공룡이 사라진 이유에 대해 이야기를 나눕니다.

③ 베이킹 소다와 식초를 사용한 화산 폭발과 관련하여 다른 재료의 조합에 대해 이야기를 나눕니다.

④ 화산 폭발 후 공룡 나라는 어떻게 변했을까요?

현장에서의 적용

• 공룡 관련 동화나 이미지를 활용하여 상상 속 공룡이나 환경을 구체적으로 상상하고 표현할 수 있도록 지원한다.

• 준비된 재료나 방법 외에도 자신만의 독창적인 시도를 원하는 경우, 아동의 시도를 지지하고 존중하여 창의적인 표현을 독려한다. 이를 통해 새로운 아이디어를 발전시킬 수 있도록 돕는다.

• 또 다른 친근한 재료를 활용하여 화산 폭발 장면을 구현하고 물리적 변화나 화학 반응 원

리를 소개하며, 사고의 융통성과 확장을 돕는다(ex. 마시멜로와 딸기잼을 함께 가열하기, 멘토스와 콜라를 혼합하기).

• 화산 폭발 후 변화된 공룡 나라를 재구성하는 과정에서 다양한 해결책을 찾아내며 탄력적으로 생각하는 힘을 길러 준다.

참고하세요!

• 식초와 물감 등 통제력이 낮은 매체들은 작은 약병에 소분하여 양을 조절하고 활용할 수 있도록 준비한다.
• 화나는 기분과 유사한 색의 물감을 선택하여 화산 분출 장면을 표현함으로써 감정을 탐색하고 정서를 표현하는 데 목표를 둘 수 있다.

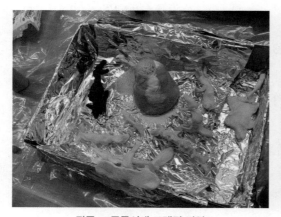

작품 a. **공룡시대 모델링 작업**

작품 b. **화산 폭발 장면**

74

회화 조소 **공예** 판화 **디자인** 놀이 STEAM

무엇이든지 파는 가게

'무엇이든지 파는 가게'라는 판타지적 설정을 통해 상상력과 내면 욕구를 현실적인 상품으로 구체화하여 독창적인 창의성을 불러일으킨다. 또한 익숙한 종이상자를 나만의 아이디어로 새롭게 디자인하는 과정은 재활용에 대한 가치를 고려하면서 사고를 확장하는 데 도움이 된다.

대상 및 소요시간

대상: 만 8세 이상, 개인 및 집단

소요시간: 50~60분

목표

상상력과 창의성 촉진, 의사소통 증진, 문제 해결 능력 향상

준비물

재활용 박스, 화지, 색종이, 매직, 가위, 풀, 빨대, 폼폼이 등 여러 가지 꾸미기 재료

방법

▼ 들어가기

① 무엇이든 팔 수 있는 가게를 상상하고 어떤 물건들을 팔고 싶은지, 가게에서 어떤 활동을
   하고 싶은지 등을 이야기한다.

② 재활용 박스를 활용하여 가게를 어떤 형태로 만들고 싶은지 구상한다.

▼ 활동하기

① 가게 외부를 자유롭게 표현한다. 작품 a

② 박스 내부에 어울리는 소품들을 배치하고 꾸며 본다. 작품 b

③ (집단 활동 시) 친구들과 서로의 가게를 방문하고 상황극을 연기한다.

▼ 나누기

① 무엇이든 판매할 수 있는 가게가 있다면, 어떤 것을 판매하고 싶나요??

② 어떤 형태의 가게를 상상하고 구상했나요?

③ 가게에서 어떤 고객층을 대상으로 서비스를 제공할 것인지 생각하고, 판매 전략을 생각해
   봅니다.

④ 가게에서 어떤 이벤트를 개최한다면 어떤 종류의 이벤트를 하고 싶나요?

⑤ 친구의 가게를 방문한 후 어떤 생각이 들었나요?

⑥ 각자 가게에서 판매할 물건을 홍보하고 판매하는 경험을 해 봅니다.

현장에서의 적용

• 꿈, 색깔, 행복 등 구체적인 형태가 없는 물건을 판매하는 것도 가능하며, 이를 통해 상상
  력을 발휘하고 자유롭고 독창적인 사고를 할 수 있도록 안내한다.

• 재활용 박스로 자유롭게 창작하며, 환경의 의미와 예술적 다양성을 경험하고 인식할 기회
  를 제공한다.

• 친구들과의 가게 상황극을 연기함으로써, 아동의 융통성, 기억 연결 등의 인지적 요소와 의

사소통 능력, 탐구력, 위험 감수 등 개인적 요소를 확인한다. 또한 놀이를 통해 상상과 창조, 문제 해결과 탐색 등 창의성의 다양한 세부 요소 간 상호작용이 이루어지도록 돕는다.

참고하세요!

• 재활용품은 안전한 재료를 선택하고, 위생적인 상태를 유지하도록 한다. 유리병 뚜껑 등 위험한 재료는 마감 처리를 따로 하거나 제외한다.

• 상황극을 진행할 때 역할을 교대하면서 다양한 캐릭터와 상황을 경험하도록 해 보자! 이를 통해 아동은 다양한 역할을 경험하고 적응력을 향상시킬 수 있다.

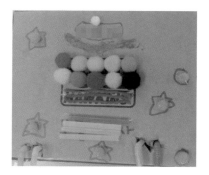

작품 a. **푸른 가게/F/8**

작품 b. **영화관과 3D 안경/F/8**

가족들과 함께 영화를 봤던 즐거운 기억을 떠올리며 영화관을 표현하였다. 박스 내부의 어두운 공간을 영화관으로 표현하고, 좋아하는 만화 영화가 계속해서 상영되는 장면을 재현했다. 또한 1인용 영화관을 상상하고 3D 안경과 푹신한 빨대 매트를 제작하여 영화를 편안하게 즐길 수 있도록 유쾌하고 독창적으로 디자인하였다.

75

펼치는 그림 이야기

종이를 펼칠 때마다 우리의 상상력이 펼쳐진다!

작고 비밀스러운 단서부터 시작해 종이의 각 면마다 독특한 이야기를 표현하면서, 새로운 접근 방식을 찾아내며 유연하고 창의적인 사고를 확장시켜 나갈 수 있다.

대상 및 소요시간

대상: 만 10세 이상, 개인 및 집단

소요시간: 30~50분

목표

사고의 유연성 증진, 사고 확장, 창의성 촉진

준비물

A4 또는 화지, 매직, 색연필, 파스넷, 꾸미기 재료 등

방법

▼ 들어가기

① 다양한 단서 그림을 살펴본다.

② 단서 그림에서 연상되는 이야기를 서로 나눈다.

▼ 활동하기

① 선택한 단서 그림을 기반으로 펼침면에 따라 그림을 그린다.

② 각각의 펼침면에 그려진 그림들을 연결하여 하나의 이야기로 완성해 본다. 작품 a

③ (집단 활동 시) 친구들의 이야기를 듣고, 떠오르는 것을 그림으로 표현해 본다. (집단 활동 시) 펼침면을 돌아가며 그리고, 하나의 이야기로 완성해 본다.

▼ 나누기

① 일부분만 그려진 단서 그림을 보고 어떤 것이 떠오르나요?

② 종이를 펼칠 때마다 나오는 그림의 순서대로 이야기를 만들어 보세요.

③ 펼치는 그림의 제목은 무엇인가요?

④ 만약 그림의 이야기가 끝나지 않았다면, 어떤 이야기를 이어 가고 싶나요?

⑤ (집단 활동 시) 친구들의 이야기를 듣고 무엇이 떠오르나요?

⑥ (집단 활동 시) 친구들의 이야기 중에서 가장 인상 깊은 것은 무엇인가요?

현장에서의 적용

• 시작 그림을 보면서 브레인스토밍하거나 낙서를 통해 아이디어를 자유롭게 발전시킨다.

• 종이를 여러 가지 방식으로 펼치는 방법을 안내하여 아이디어를 구체화하고 사고를 활성화할 수 있도록 돕는다(ex. 대문 접기, 사방 접기).

• 시작 그림부터 자유롭게 구성하도록 하여 독창적인 아이디어를 구현할 기회를 제공하거나, 그림 이야기를 펼치는 과정에서 우주 탐사, 동물 친구들의 모험 등 특정 주제를 설정하고 해당 주제에 맞게 이야기를 만들어 보도록 유도할 수도 있다.

- (집단 활동 시) 자신의 그림 이야기를 공유하고 서로 토론하도록 유도한다. 이를 통해 다양한 관점과 아이디어를 듣고 사고를 확장시키며 다양성을 존중하게 된다.

참고하세요!

- 준비된 평면 재료 외에도 입체적인 매체나 다양한 종류의 미술 재료를 활용할 수 있도록 하여 창의적인 발상을 돕는다. 작품 b
- 너무 두꺼운 종이는 그림을 접어 펼치는 과정이 어려울 수 있다. 130~180g의 화지가 적당하다.

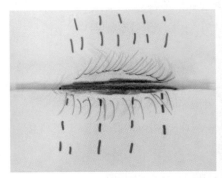 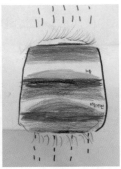

작품 a. 비 속 감은 눈→비가 그친 후 무지개 풍경/10/F

평소 정해진 주제보다 아이디어를 자유롭게 표현해 오던 여아의 작품이다. 주제를 듣자마자 빠른 속도로 그린 후 감정과 연계된 작품을 설명했다. 비가 내려 눈을 꼭 감았지만, 눈을 뜨면 비가 그친 후 아름다운 노을과 동트는 모습이 나타난다고 하였다. 풍경이 너무 아름다워 비가 내린 것도 잊고 행복한 기분이라고 전한 아동은 감정의 변화를 창의적으로 표현하였다.

작품 b. 다양한 재료로 표현하기/10/F

〈워크시트: Folding Image〉
단서 그림을 활용하여 창의적인 나만의 이야기를 만들어 보세요!

단서 그림 제공 예시

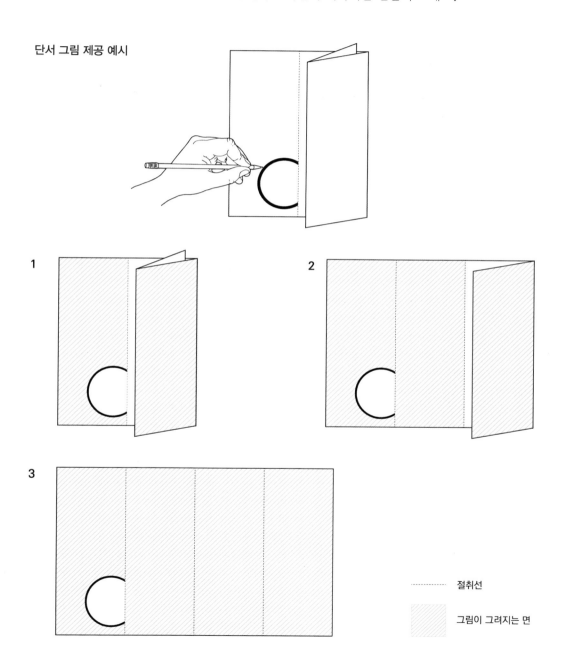

········· 절취선

그림이 그려지는 면

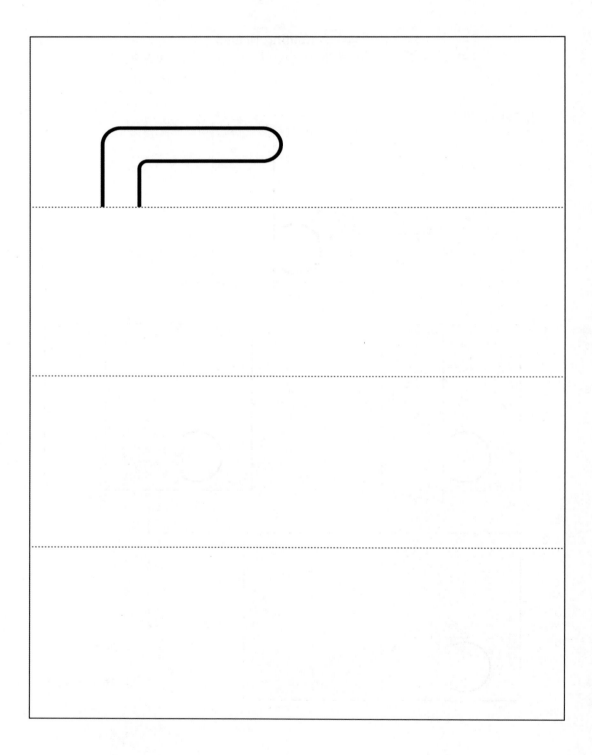

76

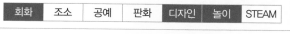

| 회화 | 조소 | 공예 | 판화 | 디자인 | 놀이 | STEAM |

휴지심 만화경

휴지심 만화경은 거울지에 반사된 다채로운 무늬를 관찰하며 상상력을 자극하는 활동이다. 과학적 원리를 활용하여 재활용품을 만화경으로 재탄생시키는 과정은 융합적 사고를 촉진하고, 새로운 시각으로 문제에 접근하는 능력을 키울 수 있다.

대상 및 소요시간

대상: 만 7세 이상, 개인 및 집단

소요시간: 30~40분

목표

융합적 사고, 창의성과 상상력, 자기표현 능력 증진

준비물

원형으로 자른 색지, 거울지, 휴지심 1쌍, 색연필, 오일파스텔, 빨대, 가위, 테이프

방법

▼ 들어가기

① 삼각기둥 모양의 거울지에 비친 사물들의 다양한 모양과 색에 대해 이야기 나눈다. 활동 a

▼ 활동하기

① 준비된 원형 색지에 원하는 대로 그림이나 도형 또는 다양한 패턴을 표현한다.
② 삼각기둥 모양의 거울지를 휴지심 안에 배치하고, 중앙을 빨대로 고정시켜 만화경을 제작한다.
③ 원형 색지를 돌려 가며, 만화경에 반사된 다채로운 모양과 이미지를 감상한다. 작품 a
④ 만화경으로 표현한 작품을 관찰하며 떠오르는 생각이나 감정을 화지에 그리고 이야기 나눈다.

▼ 나누기

① 만화경을 통해 본 자신의 작품에서 어떤 새로운 발견을 하였나요?
② 만화경을 통해 관찰한 작품이 주는 느낌이 어떠했나요?
③ 만화경을 통해 본 작품이 주는 메시지나 의미에 대해 어떻게 생각하나요?
④ 만화경을 통해 작품을 관찰하며 떠오르는 생각이나 감정을 그림으로 표현해 보세요. 작품을 감상하며 어떤 생각과 느낌이 들었나요?
⑤ 작품의 제목은 무엇인가요?

현장에서의 적용

• 구슬, 비즈, 셀로판지 조각 등이 들어 있는 통 안에 삼각기둥 거울지를 배치하여, 빛의 투과성과 굴절 등 광학 현상을 관찰하며, 과학적 원리를 이해하고 과학과 미술 간의 융합적 사고를 촉진한다.
• 원형 색지에 표현한 그림이나 도형, 색상 등에서 패턴을 확인하고 아동의 심리적 특성을 파악하며, 창의성, 인지 능력, 감성 등을 유추하거나 발전시키도록 한다.

• 만화경을 통해 내가 그린 작품을 관찰하면서 새롭게 떠오르는 생각이나 감정을 표현하고 이를 통해 사고의 과정을 이해하고 인식하도록 돕는다.

참고하세요!

• 만화경은 감정이 담긴 시각적 자극들을 통해 상상력을 자극하고 감정적 반응을 유도하며, 이를 통해 내면 탐색과 인식을 촉진할 수 있는 도구로 활용될 수 있다.

• 야외 활동 시, 거울지를 사용하여 간이 만화경을 만들고, 곤충이나 식물 등 자연적 사물들을 관찰해 보자. 자연친화적 환경에서 정서적 표현 및 사고 확장을 촉진할 수 있다.

• 만화경 속에서 발견되는 흥미로운 움직임은 통증으로 인해 정서적 불안이 높은 아동에게 통증으로부터 주의를 분산시키고, 두려움과 불안을 감소시키는 효과가 있음이 보고되었다(Bulut et al., 2020; Das, 2014).

활동 a. 거울지에 비친 사물을 관찰하며 상상력 자극하기

작품 a. 휴지심 만화경으로
모양과 이미지 관찰하기

77

창의적 보드게임

우리들의 보드게임을 만들고 게임을 즐기자. 아동들은 함께 게임의 주제와 룰을 정하고, 말판과 주사위를 디자인하며 창의력을 발휘할 수 있다. 또한 게임을 진행하며 규칙을 지키고 문제를 해결하는 경험 속에서 사고력과 실행 능력을 향상시킬 수 있다.

대상 및 소요시간

대상: 만 9세 이상, 집단
소요시간: 90분

목표

창의성 증진, 사고력 및 실행 능력 향상, 협동심 증진

준비물

게임 보드판, 매직, 폴리머클레이, 가위, 풀, 오븐(에어프라이기)

방법

▼ 들어가기

① 좋아하는 보드게임과 게임 규칙에 대해 이야기 나눈다.

② 우리들의 보드게임 제작을 위한 아이디어를 나누고 주제와 진행 방식을 설정한다.

▼ 활동하기

① 게임 주제에 따라 워크시트를 활용해 게임 보드판과 주사위를 꾸민다.

② 폴리머클레이로 원하는 모양의 말을 만들고 구워 완성한다.

③ 진행 방식에 따라 주사위를 굴리고 말을 이동하며 게임을 즐긴다.

▼ 나누기

① 게임을 만들면서 친구들과 의견을 나누는 과정에서 가장 흥미로웠던 순간은 언제인가요? 그 이유는 무엇인가요?

② 폴리머클레이로 말을 만들 때 선택한 색상이나 모양에 특별한 의미가 있나요? 각 말이나 말판의 디자인에 어떤 메시지를 담고 싶었나요?

③ 게임을 할 때 필요한 규칙이나 전략을 정할 때 어떤 고민이 있었나요? 친구들과 의견 충돌이 있었다면 어떻게 해결했나요?

④ 게임 도중 어려운 상황에 부딪혔을 때, 그 문제에 대한 창의적인 해결책이나 새로운 전략을 시도한 경험이 있을까요?

⑤ 친구들과 함께 활동하면서 즐거웠던 순간을 이야기해 봅시다.

현장에서의 적용

• 적절한 난이도의 게임 주제와 진행 방식을 설정하도록 돕는다.

• 2~3인 정도로 소그룹으로 진행하여 의견 조율이 원활히 진행될 수 있도록 한다.

• 보드게임판에 탈출룸과 같은 요소를 만들거나, 미션을 부여해서 흥미를 높일 수 있다.

• 각 아동의 창의성을 존중하고 긍정적으로 인정하되, 협력의 중요성을 강조하고, 함께 더

나은 아이디어를 찾을 수 있는 방안을 모색하도록 돕는다.

• 게임을 진행하면서 나타날 수 있는 도전적인 상황에 대해 긍정적인 지도를 제공하여 문제
해결 및 의사결정 능력을 향상시킬 수 있도록 한다.

참고하세요!

• 폴리머클레이는 보드게임 말을 만드는 데 적합한 재료 중 하나이다. 다양한 색상으로 제공되며, 부드럽게 구부리고 형태를 만들 수 있어 창의적 디자인이 가능하다. 또한 열처리한 폴리머클레이는 강한 내구성을 가지고 있어 오랜 시간 동안 사용할 수 있다.

• 아동이 다뤄도 안전한 무독성 폴리머클레이를 구매하고, 사용 시 손을 깨끗이 씻고 먼지나 오염 물질이 남지 않도록 주의한다. 또한 굽는 과정에서는 제조사의 지침에 따라 권장 온도와 시간을 유지하며, 치료사의 지도하에 안전에 유의한다.

〈워크시트: 창의적 게임 보드판〉
우리들의 특별한 게임 보드판을 만들어 보세요.

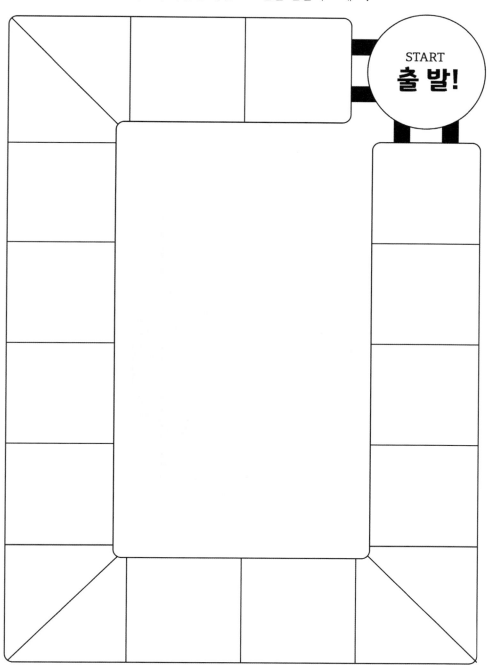

〈워크시트: 주사위〉
창의적인 주사위로 게임을 더욱 특별하게 즐겨 보세요!

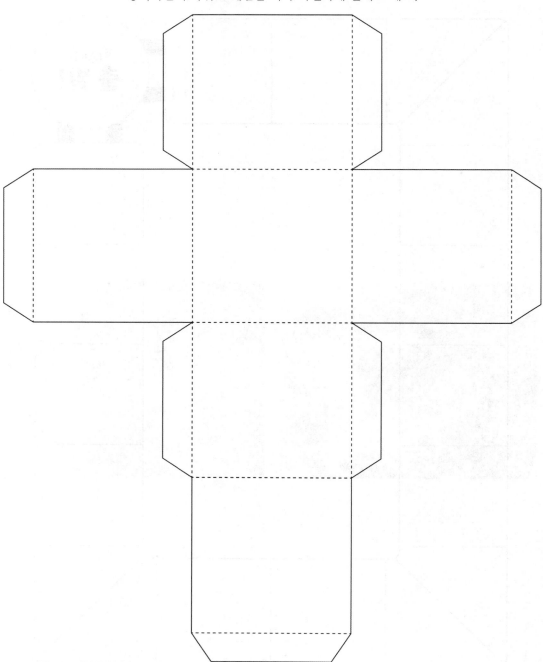

📖 참고문헌

이성혜, 김현숙(2019). 푸드아트테라피 프로그램이 저소득층 아동의 자기표현 및 사회성에 미치는 효과. 예술심리치료연구, 15(2), 287-315.

Bulut, M., Alemdar, D. K., Bulut, A., & Şalcı, G. (2020). The effect of music therapy, hand massage, and kaleidoscope usage on postoperative nausea and vomiting, pain, fear, and stress in children: A randomized controlled trial. *Journal of PeriAnesthesia Nursing, 35*(6), 649-657.

Oftring, B., & Müller, I. (2016). 안녕, 거미야!(*Schau mal, eine Spinne Gebundene Ausgabe*). 한윤진 역. 경기: 다섯수레.

Chapter 8

희망, 비전, 행복감
증진을 위한
미술치료기법

희망(hope), 비전(vision), 행복(happiness)
은 삶에서 만족을 느끼고 성장하는 데 중요한 요
소이다. 현재와 미래를 기반으로 한 긍정적인 경
험을 통해 형성된 내적 자원과 강점으로, 다양한
상황이나 환경에서 잘 적응하고 회복하는 데 도움
이 된다.

미술치료는 아동들에게 즐거운 활동과 상상력을
통해 개인의 내적 자원을 발견하고 발전시키는 기
회를 제공한다. 이 챕터에서는 긍정적인 정서, 몰
입, 의미 부여, 성취 경험, 그리고 아동의 강점을
키우며, 보다 행복하고 만족스러운 삶을 이루기
위한 미술치료기법을 소개하고자 한다.

78

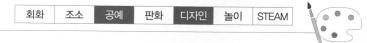

| 회화 | 조소 | 공예 | 판화 | 디자인 | 놀이 | STEAM |

할로윈 가랜드

간단한 종이접기나 그림으로 할로윈 분위기 뿜뿜!

종이접기나 그림을 활용하여 할로윈 분위기를 담은 가랜드를 만들어 보자. 완성된 가랜드를 파티장에 장식하면서 아동들은 자신의 작품을 자랑스럽게 전시하며, 창의성과 자신감을 키우는 소중한 경험을 할 것이다.

대상 및 소요시간

대상: 만 6세 이상, 개인 및 집단
소요시간: 30~40분

목표

행복감 증진, 성취감 경험, 창의성 향상

준비물

색종이, A4 용지, 사인펜, 매직, 테이프, 털실, 풀, 가위

방법

▼ 들어가기
① 할로윈과 어울리는 캐릭터나 음식, 장식품, 의상 등을 생각하고 이야기 나눈다.

▼ 활동하기
① 할로윈 파티 분위기를 상상하며 종이접기나 그림 등으로 할로윈 테마의 이미지를 자유롭게 표현한다. 작품 a
② 만든 작품들을 털실로 연결하여 나만의 할로윈 가랜드를 만든다. 작품 b
③ 친구들이 만든 할로윈 가랜드를 함께 연결하여 공간을 장식한다.

▼ 나누기
① 기억에 남는 즐거운 파티에 대해 이야기 나눠요.
② 할로윈과 어울리는 캐릭터나 음식, 장식품, 의상은 어떤 것들이 있나요?
③ 할로윈 가랜드를 만들어 파티를 장식한 기분을 나눕니다.
④ 할로윈 가랜드를 만들면서 가장 즐거웠던 순간은 언제였나요?

현장에서의 적용

- 할로윈에 대한 기쁨과 즐거움을 상기시켜 활동에 흥미를 가지고 참여하도록 격려한다.
- 발달 단계 및 개인적 능력을 고려하여 종이접기의 난이도를 조정하고, 도전과 성취 경험을 제공한다.
- 아동이 원할 경우 가랜드 꾸미기 외에도 다양한 주제나 스타일의 미술활동에 자율적으로 참여하도록 독려한다. 작품 c 이를 통해 아동은 자기표현 및 창작 과정에서의 즐거움을 경험할 수 있다.

참고하세요!

• 펠트지나 박스 등 양감이 풍부하고 독특한 질감을 가진 재료를 활용함으로써 아동의 입체 감각을 활성화 시키고 흥미를 증가시킬 수 있다.

• 할로윈이나 크리스마스와 같은 이벤트 시기에 미술치료의 종결 회기로 진행한다면, 다과를 준비하여 아 동들의 성장과 변화를 축하하는 파티를 열어 보자.

• 반짝이는 캔들 빛으로 할로윈 분위기를 조성할 수 있다. 또한 의상, 조명, 테이블 장식 등에 할로윈을 상 징하는 주황색, 보라색, 검정색 등의 색상을 사용하여 재미있는 요소를 더해 더욱 즐거운 분위기를 연출 할 수 있다.

작품 a. **할로윈 캐릭터**

작품 b. **나만의 할로윈 가랜드**

작품 c. 할로윈 파티 장면 그리기

79

| 회화 | 조소 | 공예 | 판화 | 디자인 | 놀이 | STEAM |

우리들의 행복 케이크

특별한 순간과 소중한 추억을 담아 케이크를 만들어 보자. 행복 케이크를 만들면서 즐거운 감정을 표현하고 행복감을 높일 수 있다. 친구들과 함께 창작하고 소통하며 긍정적인 에너지를 나누는 즐거운 경험이 될 것이다.

대상 및 소요시간

대상: 만 7~8세 이상, 집단

소요시간: 50~60분

목표

행복감 증진, 긍정적 상호작용

준비물

핸디코트, 물감, 우드락 또는 빈 박스, 나무막대, 색구슬, 비즈 등 꾸미기 재료, 글루건, 비닐장갑

방법

▼ 들어가기

① 케이크 이미지나 도안을 보며, 떠오르는 생각이나 행복한 기억에 대해 이야기 나눈다.

② 케이크 제작에 사용할 핸디코트를 탐색하며 질감과 점성을 확인한다.

③ 팀별로 케이크의 색상과 모양을 어떻게 꾸밀지 의논한다.

▼ 활동하기

① 원하는 색의 물감을 핸디코트에 섞어 준비된 케이크 모형에 바르고 다양한 꾸미기 재료로 장식한다.

② 꾸민 케이크를 크기에 따라 단계적으로 쌓아 올리고 추가로 꾸민다. 작품 a

③ 나의 행복 아이콘을 그리고 케이크에 꽂아 장식한다.

④ 완성된 행복 케이크를 감상하며 이야기를 나눈다.

▼ 나누기

① 케이크를 상상할 때 어떤 생각이 드나요? 행복한 순간이나 특별한 기억이 떠오르나요?

② 케이크를 함께 먹고 싶은 사람은 누구인가요? 함께하는 나의 표정과 기분은 어떤가요?

③ 친구들과 꾸민 케이크에 어떤 감정과 생각이 담겨 있을까요? 각자 케이크를 통해 전달하고 싶은 메시지를 나눠 봅시다.

④ 완성한 케이크에서 특히 마음에 드는 부분이 있나요? 이유는 무엇인가요?

⑤ 친구들과 함께 케이크를 만들면서 어떤 기분을 느꼈나요?

현장에서의 적용

• 아동이 행복한 감정을 연상할 수 있도록 밝고 화사한 색상, 축제나 파티 장면 등이 담긴 케이크 이미지나 도안을 준비한다.

• 2~3명이 한 팀을 이루어 한 단의 케이크를 만든 후, 각각의 케이크를 쌓아 올려 완성하도록 한다.

- 완성된 케이크를 감상하며 소감을 나누고, 비즈 던지기 퍼포먼스, 행복 토퍼 꾸미기 등의 활동을 추가하여 행복감을 증진시킨다.

참고하세요!

- 우드락을 활용해 다양한 크기의 케이크 바탕 모형을 미리 제작해 둔다. 활동자료 a
- 사각형 모양으로 케이크를 만든다면 박스를 활용해 보자.
- 참여자 수와 활동 시간에 맞춰 케이크의 높이를 조절한다. 8명 이상인 경우 3단, 4~5명은 2단으로 조정할 수 있다.
- 핸디코트는 석회석 가루와 물을 혼합하여 만든 수용성 접합제로 환경 친화적이지만, 피부에 자극을 줄 수 있으므로 핸디코트 사용 시 막대나 비닐장갑 등을 착용하는 것이 좋다. 또한 핸디코트는 습기에 민감하므로 밀폐하여 보관한다.
- 케이크를 꾸미는 과정에서 짤주머니를 사용하여 요리하는 느낌을 살릴 수 있다.
- 스프레이 페인트를 사용하여 케이크에 색상을 뿌려 장식할 수도 있다.

작품 a. 3단 행복 케이크/2~4학년 협동 작품

크리스마스 한 주 전, 초등학교 2~4학년 남녀 아동 9명이 함께 만든 작품으로 종결 세션에서 진행되었다. 작품에는 아동들의 즐겁고 행복한 감정이 그대로 반영되어 있다. 활동과정에서 아동들은 생크림과 유사한 핸디코트 질감에 호기심을 보이며, 물감을 섞고 바르는 것에 즐거움을 느꼈다. 이후 아동들은 2~3명씩 소그룹으로 팀을 나눴고 팀별로 좋아하는 색상의 물감을 핸디코트에 섞으며 협동하여 케이크를 만들어 나갔다. 팀별로 완성한 케이크를 쌓아 3단 케이크를 만들었고, 행복 토퍼를 꾸미고 반짝이는 스팽글을 폭죽처럼 던지며 행복한 마무리를 하였다.

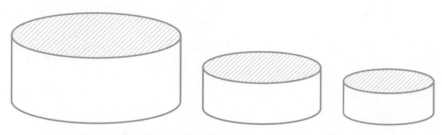

활동자료 a. 우드락을 활용한 크기별 케이크 바탕 모형

〈워크시트: 행복 아이콘〉
행복 아이콘을 선택하여 색칠하고, 케이크에 꽂아 장식해 보세요.

출처: Pixabay.

출처: Pixabay.

80

회화　조소　공예　판화　디자인　놀이　STEAM

소원을 말해 봐

만약 요술램프의 지니가 세 가지 소원을 이뤄 준다면, 어떤 것을 소망해 볼까?

램프의 지니는 아동들에게 희망과 기대를 심어 주는 상징이다. 아동들은 실제로 이룰 수 있는 현실적이면서도 의미 있는 소원을 선택하여 그것을 실현하는 경험을 할 수 있다. 이를 통해 재미있는 상상력을 발휘하게 되고 더 나은 미래를 위한 목표를 설정할 수 있게 된다.

대상 및 소요시간

대상: 만 10세 이상, 집단

소요시간: 50~60분

목표

긍정적 미래상 형성, 행복감 증진, 문제 해결 및 목표 설정 능력 향상

준비물

화지 또는 램프의 지니 도안, 색연필, 사인펜, 파스텔, 솜, 목공풀, 스팽글 등 꾸미기 재료

방법

▼ 들어가기

① 〈알라딘과 요술램프〉 애니메이션을 감상하고 이에 대해 자유롭게 이야기 나눈다.

〈알라딘과 요술램프〉 영상

② 만약 나에게 요술램프의 지니가 있다면 이루고 싶은 소원 세 가지를 생각해 본다.

▼ 활동하기

① 화지에 나만의 요술램프와 지니를 그려 보거나, 램프의 지니 도안을 활용해 채색한다.

② 빈 카드에 램프의 지니에게 이루어 달라고 바라는 세 가지 소원을 적고 자유롭게 꾸민다.

▼ 나누기

① 〈알라딘과 요술램프〉 영상에서 가장 인상적인 부분은 무엇인가요? 그 이유는 무엇인가요?

② 요술램프의 지니에게 바라는 세 가지 소원은 무엇인가요? 그 소원들을 선택한 이유가 있나요?

③ 소원들이 이뤄진다면 어떤 변화를 가져오게 될까요?

④ 요술램프에 적은 소원을 어떤 방법으로 이룰 수 있을까요?

⑤ 만약 요술램프의 지니가 더 많은 소원을 이뤄 주도록 허락한다면, 어떤 소원들을 추가하고 싶나요?

현장에서의 적용

- 영상을 감상하면서 음악에 맞춰 함께 노래를 부르거나 춤추는 동작을 따라 하며 즐겁고 행복한 분위기를 조성한다.
- 다양한 매체를 활용하여 아동들이 창의적이고 표현력이 풍부한 환경에서 상상력을 발휘할 수 있도록 지원한다. 이를 통해 아동들은 자신의 감정과 욕구를 탐색하고 표현하며 자아를 발견하고 성장할 수 있다.
- 소원을 이루는 방법에 대해 이야기를 나누고 목표를 설정하여 아동들이 문제 해결 및 목표 설정에 대한 능력을 키우도록 돕는다. 아동들의 소원을 듣고 그 내용을 분석하여 현재의 욕구를 파악하고, 실천 가능한 작은 단계로 나누어 현실에서 실천할 수 있도록 지원한다.

참고하세요!

- 회화, 조소, 공예 등 다양한 창작 방법을 활용하여 실감 나는 램프의 지니를 만들어 보자(ex. 화려한 색채로 그린 지니, 입체감 있는 점토로 만든 램프 및 철사, 솜, 털실 등으로 만든 램프의 연기 등).

〈워크시트: 지니의 요술램프〉
램프의 요정 지니를 채색하고 이루고 싶은 소원을 적어 보세요.

81

회화 | 조소 | 공예 | 판화 | 디자인 | 놀이 | STEAM

만다라 드림캐처

드림캐처는 우주의 긍정적인 기운을 담아 행복을 전달하는 특별한 장식이다. 만다라를 제작하고 희망과 행복 메시지를 작성하여 드림캐처에 담아 보자. 생활 공간에 놓인 드림캐처는 긍정적인 기운을 주어 행복한 분위기를 조성할 것이다.

대상 및 소요시간

대상: 만 7세 이상, 개인 및 집단

소요시간: 40~50분

목표

긍정자원 형성, 행복감 증진

준비물

만다라 도안(A4), 색지, 매직, 털실, 장식 깃털, 스팽글 등 꾸미기 재료, 식용유, 붓, 가위, 펀치

방법

▼ 들어가기

① 드림캐처의 기원과 유래를 듣고 이미지를 감상한다.

② 명상을 하면서 행복하고 즐거운 기억을 떠올린다.

③ 명상 후에 준비된 만다라 도안 중 마음에 드는 모양을 선택한다.

▼ 활동하기

① 좋아하는 컬러로 만다라 도안을 채색한다.

② 채색을 마친 만다라 도안에 기름을 도포하여 전체가 투명해질 때까지 바른다. 작품 a

③ 나를 행복하게 하는 말이나 내가 좋아하는 말을 색지에 적어 준비한다.

④ 기름이 건조된 만다라 드림캐처에 색지에 적은 문구들을 잘라서 연결하고 자유롭게 꾸민다. 작품 b

⑤ 완성한 만다라 드림캐처를 감상하고 그 속에서 나의 이야기를 떠올린다.

▼ 나누기

① 드림캐처를 감상하고 명상을 하면서 떠오른 행복한 기억은 무엇인가요?

② 들으면 행복하거나 에너지가 나게 만드는 말은 무엇인가요? 이 말이 어떤 감정을 불러일으키나요?

③ 만다라 드림캐처를 완성한 후, 나의 기분이 어떻게 변화했나요?

④ 만다라 드림캐처에 적은 행복한 문구들을 여러 번 외쳐 보세요.

⑤ 만다라 드림캐처에 담긴 행복한 문구들이 나에게 주는 메시지는 무엇인가요?

현장에서의 적용

• 드림캐처의 유래를 나누면서 평소에 어떤 부정적인 생각이나 감정을 가지고 있었는지 탐색한다.

• 명상을 통해 행복한 감정에 집중할 수 있도록 돕는다. 깊게 숨을 들이마신 후 천천히 내쉬

는 호흡법이나, 조용한 배경음악 등을 사용한 고요한 환경 조성에 도움이 된다.

• 드림캐처에 연결한 문구들을 반복해 말하며 아동의 긍정자원 형성을 돕는다.

• 기분이 나쁜 상황에서도 긍정적 자기 대화나 긍정적 상상력을 활용하여 긍정자원을 활용 하며 유지할 수 있도록 지원한다.

참고하세요!

• 기름을 칠한 종이가 투명해지는 원리는 빛의 반사가 감소하여 종이의 투명성이 높아지는 것에 기인한다.

• 만다라 도안에 충분한 양의 기름을 도포해야 종이가 투명해진다. 또한 도화지 사이에 끼워 표면의 기름 을 흡수시키면 종이의 건조 시간을 단축할 수 있다.

• 드림캐처는 미국 원주민들이 창문이나 침대 맡에 걸어 악몽을 막는 주술적 용도로 활용한 것에서 유래되 었다.

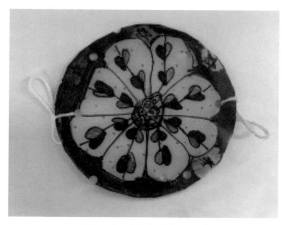

작품 a. **투명해진 만다라 도안**

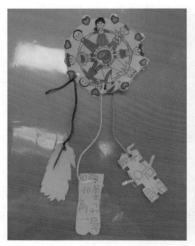

작품 b. 만다라 드림캐처

초등학교 3, 4학년 아동들이 만든 드림캐처 작품이다. 아동들은 드림캐처의 유래와 역할에 대해 호기심을 보이며, 적극적
으로 만다라 도안을 선택하고 채색했다. 특히 한 아동(좌)은 만다라 도안을 직접 그리며, '난 너가 좋아.' '항상 응원할게.'
'힘내.' '항상 열심히 하는 널 응원할게.'와 같은 말들이 자신에게 큰 힘을 준다고 하였다. 아동들은 만다라 드림캐처를 만
들면서 성취감과 행복을 경험했고, 자신을 응원하는 말들을 통해 긍정자원을 형성하는 계기가 되었다.

82

상장 만들기

　함께한 시간을 마무리하며, 지난 활동과 성취를 돌아보고 서로를 칭찬하는 소중한 시간을 가진다. 노력과 성취를 상징하는 상장을 만들면서 긍정적 자원을 강화하고 유지할 수 있다. 또한 상장 수여식에서는 서로의 장점을 인정하고 칭찬함으로써 외적인 자원을 더욱 발전시킬 수 있다.

대상 및 소요시간

대상: 만 7세 이상, 개인 및 집단
소요시간: 40~50분

목표

긍정적 자원 인식 및 강화

준비물

화지, 색지, 사인펜, 네임펜, 스티커 등 꾸미기 재료

방법

▼ 들어가기
① 지난 회기를 돌아본다.
② 나와 친구의 칭찬하고 싶은 점, 좋게 변화한 점 등을 생각한다.

▼ 활동하기
① 친구와 함께 서로를 칭찬하고 힘이 되는 말과 그림을 상장에 담아 만든다.
② 상장과 어울리는 메달이나 트로피를 함께 만든다.
③ 함께 모여 상장 수여식을 연다.
④ 받은 상장을 감상하고 소감을 나눈다.

▼ 나누기
① 미술치료 세션에서 혹은 일상생활에서 나를 칭찬하고 싶었던 일은 어떤 것들이 있나요?
② 가장 받고 싶은 상의 이름과 의미는 무엇인가요?
③ 미술치료 세션에서 혹은 일상생활에서 친구를 칭찬하고 싶었던 일은 어떤 것들이 있나요?
④ 친구에게 주고 싶은 상의 이름과 의미는 무엇인가요?
⑤ 상장을 주고받았을 때 어떤 감정이 들었나요?
⑥ 나에게 주는 상장과 친구나 선생님으로부터 받는 상장은 각각 어떤 의미를 가지나요?

현장에서의 적용

• 아동들이 자신의 장점과 칭찬을 공유하며 자아 인식을 강화하고, 서로를 칭찬하고 인정함으로써 또래 집단의 외부 자원을 인식하고 이를 내부 자원으로 바꿀 수 있도록 돕는다.
• 상장 수여식에서는 다양성을 존중하고 각자의 독특한 특성과 성취를 존중하는 분위기를 조성한다.

참고하세요!

• 아동들이 상장을 직접 제작하는 것이 어려운 경우, 상장 용지 기성품을 제공하여 활용할 수 있다.

• 아이클레이 등의 입체 재료를 활용하여 상장과 메달, 트로피 등을 제작하는 것은 아동들의 시각적 경험을 통해 성취를 명확하게 인식하고 이해할 수 있는 효과적인 방법이다. 작품 a

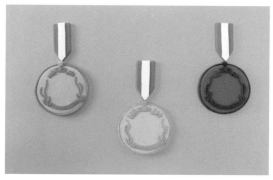

작품 a. **아이클레이로 만든 메달**
출처: https://en.photo-ac.com

83

| 회화 | 조소 | 공예 | 판화 | 디자인 | 놀이 | STEAM |

희망 나무

우리의 장점과 소망, 그리고 꿈으로 가득한 희망 나무를 만들어 보자.

함께 나무를 꾸며 나가는 과정에서 긍정적인 자원과 미래의 비전을 형성하고, 친구들의 칭찬과 지지 속에서 내·외부 자원을 더욱 강화할 수 있다.

대상 및 소요시간

대상: 만 10세 이상, 집단

소요시간: 50~60분

목표

긍정자원 강화, 긍정적 미래상 형성

준비물

우드락, 색지, 색종이, 네임펜, 꾸미기 재료, 양면테이프, 목공풀, 글루건

방법

▼ 들어가기

① 우드락에 그려진 나무 모형을 보며 어떤 나무로 성장할지 상상하고 이야기를 나눈다.

② 자신의 꿈, 장래 희망, 목표 등에 대해 생각해 본다.

▼ 활동하기

① 색지나 색종이 등을 이용해 나뭇잎, 열매, 꽃을 만든다.

② 나뭇잎, 열매, 꽃에 자신의 강점, 꿈, 희망을 적어 나무에 붙인다.

③ 옆자리 친구의 칭찬을 적어 함께 나무에 붙인다. 작품 a

④ 완성된 희망 나무를 감상하며 소감을 나눈다.

▼ 나누기

① 우리를 닮은 나무가 있다면 어떤 모습일까요? 열매와 나뭇잎은 어떤 모습일까요?

② 나의 강점은 무엇인가요?

③ 나의 강점과 관련된 희망, 목표는 무엇이 있나요?

④ 친구들의 희망과 목표, 칭찬 메시지를 읽고 어떤 생각이 들었나요?

⑤ 희망 나무를 보면서 떠오르는 새로운 목표나 꿈이 있나요? 목표나 꿈을 달성하기 위해 어떤 노력이 필요할까요?

⑥ 완성된 희망 나무에 이름을 붙여 보세요.

현장에서의 적용

• 희망 나무는 프로그램의 초기 단계에서 아동의 목표 설정과 자아 인식을 돕는 활동으로 활용할 수 있으며, 후반부에는 자신의 강점과 꿈을 자각하고 긍정자원을 강화하는 목적으로 실시할 수 있다.

• 나뭇잎, 열매, 꽃에 자신의 강점, 꿈, 희망을 적는 과정을 통해 아동의 긍정적인 자아 인식과 내적 성장을 돕는다.

- 친구들끼리 서로 칭찬 메시지를 나누는 과정에서 긍정적인 대인관계 형성과 상호작용을 촉진하도록 한다. 또한 협동 작업을 통해 나와 타인의 강점을 이해하고 수용하며, 긍정적인 외부 자원을 경험하고 형성할 수 있도록 지원한다.
- 아동들의 심리 변화를 확인하기 위해 희망 나무의 형태, 색상 등의 표현적 특성과 희망에 대한 요구 등의 내용적 특성을 주의 깊게 관찰한다.

참고하세요!

- 칭찬을 받은 경험이나, 앞으로의 행동에 대한 약속을 적는 것도 긍정적인 자원을 형성하는 데 도움이 된다.
- 자연 소재인 나뭇가지, 나뭇잎, 압화 등을 활용하여 나무 모형을 만들어 보자. 자연의 아름다움을 느끼고 환경 보호에 대한 중요성도 공유할 수 있다.

작품 a. **우리들의 희망 나무/5, 6학년 협동 작품**

네 달 동안 진행된 집단 미술치료의 마지막 회기에 비전 형성을 목표로 한 '우리들의 희망 나무' 활동이 진행되었다. 아동들은 자신의 소망과 꿈, 긍정자원을 신중히 작성하며 나무를 꾸몄다. 특히 한 아동은 타인을 돕고 지원하는 데 능숙한 강점을 확인하였고, 이를 장래 희망인 선생님의 직업과 연결하여 미래에 대한 비전을 형성하는 모습을 보였다.

84

꿈을 이루는 마인드맵 트리

나의 꿈은 앞으로 어떤 방향으로 나아가게 될까?

마인드맵 트리 활동은 꿈과 희망을 중심으로 펼쳐지는 생각과 이미지를 단계적으로 탐색할 수 있는 기회를 제공한다. 이를 통해 비전을 설계하고 긍정적 미래상을 형성할 수 있다.

대상 및 소요시간

대상: 만 11세 이상, 개인 및 집단

소요시간: 40~50분

목표

비전 설계, 긍정적 미래상 형성

준비물

화지, 색지, 사인펜, 스티커

방법

▼ 들어가기
① 이루고 싶은 꿈과 장래 희망에 대해 이야기 나눈다.
② 나의 꿈이 나무로 자라나는 모습을 상상해 본다. 작품 a

▼ 활동하기
① 화지의 중앙에 나의 이름과 내가 이루고 싶은 꿈을 적는다.
② 나의 꿈과 꿈을 이루기 위해 필요한 아이디어와 생각들을 나뭇가지처럼 펼쳐 본다. 작품 b
③ 나의 꿈을 이루는 마인드맵 트리를 스티커 등으로 꾸며 완성한다.

▼ 나누기
① 꿈과 장래 희망에 대해 이야기 나눠요.
② 꿈을 달성하기 위해 필요한 첫 번째 단계는 무엇일까요? 그것을 어떻게 시작할 수 있을까요?
③ 꿈을 실현하기 위해 극복해야 할 어려움은 무엇일까요? 그것을 어떻게 극복할 수 있을까요?
④ 나무의 가지가 자라나듯, 나의 꿈은 어떻게 발전해 나갈 수 있을까요? 추가적인 계획은 무엇인가요?
⑤ 나의 꿈과 목표를 이루기 위해 내가 지금 실천할 수 있는 것은 무엇인가요?
⑥ 이번 활동을 통해 나의 꿈과 목표에 어떤 변화가 있나요?

현장에서의 적용

• 나무가 자라나는 상상을 통해 자신의 비전이나 꿈을 시각적으로 떠올리고, 이를 마인드맵을 통해 구체화하고 확장함으로써 자신의 비전을 단계적으로 정리하는 기회를 제공한다.
• 마인드맵 가지에 작성한 단어와 어울리는 상징적인 색상을 설정하고, 간단한 그림 표현을 통해 자신의 내면을 시각화하고 인식할 수 있도록 돕는다.
• 마인드맵에 적은 단어들을 2~3개씩 연결하여 문장을 만들어 보는 과정을 통해 구체적으로 자신의 비전을 이해하고 명확하게 인식할 수 있도록 돕는다.

- 완성된 마인드맵을 통해 꿈을 이루기 위해 실행할 수 있는 구체적인 목표를 설정하고, 이를 달성하기 위한 계획을 세우도록 지원한다.

참고하세요!

- 스티커 외에도 비즈, 스팽글, 폼폼이 등과 같은 다양한 색상과 형태의 매체를 활용해 반짝이고 다채롭게 비전을 꾸밀 수 있다.
- 무늬가 없는 깨끗한 종이와 최소 세 가지 색상을 활용한 마인드맵은 생각을 정리하는 데 용이하며, 활동에 더욱 재미있게 참여할 수 있도록 돕는다(Buzan, 2018).

작품 a. **자라나는 꿈나무**

출처: Pixabay.

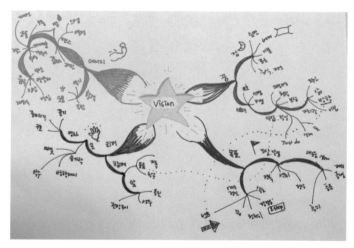

작품 b. **마인드맵 표현하기**

85

나의 꿈 수호천사

항상 내 곁에 꿈과 희망을 이뤄 주는 수호천사가 함께한다. 열을 통해 슈링클스가 단단하고 선명한 색감으로 변화하는 특성을 활용하여, 나만의 꿈을 상징하는 키링을 만들어 보자.

대상 및 소요시간

대상: 만 11~12세 이상, 개인 및 집단
소요시간: 40~50분

목표

비전 설계, 미래상 및 목표 의식 형성

준비물

슈링클스, 포스카펜 12색, 오븐, 종이호일, 연필, 지우개, 직업 이미지 자료

방법

▼들어가기
① 직업과 관련한 이미지 자료를 살펴본다.

② 미래의 꿈과 비전을 상상해 본다.

▼ 활동하기

① 희망하는 미래의 모습과 유사한 이미지 위에 슈링클스 종이를 올리고 밑그림을 따라 그린다. 작품 a

② 밑그림을 원하는 색상으로 채색한 후 도안 외곽선을 따라 자르고, 펀치를 이용해 키링을 부착할 구멍을 뚫는다.

③ 자른 슈링클스를 오븐에 넣고 슈링클스가 열에 반응하여 플라스틱으로 변화하는 과정을 지켜본다. 작품 b

④ 오븐에서 구워진 슈링클스의 구멍에 키링을 부착한다.

▼ 나누기

① 내가 꿈꾸는 직업은 무엇인가요? 해당 직업을 생각하면 어떤 이미지가 떠오르나요?

② 슈링클스를 오븐에 굽기 전과 후의 작품 이미지는 어떻게 달라졌나요?

③ 슈링클스로 만든 작품을 보면서 느낌 감정이나 생각이 있나요?

④ 앞으로 완성된 키링을 어떻게 활용하고 싶나요?

현장에서의 적용

• 직업과 관련한 다양한 이미지 자료(ex. 직업별 사람들의 모습, 직업 도구와 장비, 직업 환경 등)를 준비하여, 자신의 비전을 더욱 다양하게 표현하고 선택할 수 있도록 한다.

• 밑그림을 연필로 그리고 윤곽선을 포스카펜으로 강조한 후 채색하도록 한다. 이러한 활동을 통해 아동은 자신의 꿈과 목표를 시각적으로 표현함과 동시에 자신의 비전을 구현하는 과정에서 자기조절력을 경험하게 된다.

• 슈링클스가 원하는 형태로 나오지 않았을 때 다시 시도하며, 꿈을 이루기 위한 노력과 좌절을 극복하는 과정을 상징적으로 체험할 기회를 제공한다. 작품 c

• 완성된 슈링클스의 두께와 색감 변화를 관찰하며, 제작 과정에서 어려웠던 점을 나누어 꿈을 실행하는 여정에서 예상되는 다양한 난제들에 대한 간접 체험 기회를 제공한다.

참고하세요!

• 슈링클스 종이의 거친 부분에 그림을 그리고, 구워지면 색이 진해질 수 있기 때문에 연하게 채색한다.
• 오븐을 200도로 예열한 후 알루미늄 호일을 깔고 슈링클스를 올린다. 슈링클스가 작아졌다가 펴졌을 때 오븐에서 꺼낸다.
• 오븐에서 슈링클스를 꺼내자마자 두꺼운 쟁반, 단단한 양장본 등으로 재빨리 눌러 형태가 평평하게 잘 유지되도록 한다.

작품 a. 슈링클스에 밑그림 그리기

작품 b. 오븐에 구운 슈링클스 작품

작품 c. 열처리 문제로 완성되지 못한 작품

86

회화 | 조소 | 공예 | 판화 | 디자인 | 놀이 | STEAM

미래에서 온 편지

미래의 내가 현재의 나에게 응원의 메시지를 전하는 활동이다.

현재 나에게 전하고 싶은 말과 불안을 해소하는 방법 등을 글과 그림으로 표현하여, 현재의 모습을 되돌아보고 내 안에 있는 긍정적인 자원을 어떻게 활용할지 고민한다. 이를 통해 미래를 상상하고 계획하는 과정을 경험하게 된다.

대상 및 소요시간

대상: 만 11~12세 이상, 개인 및 집단
소요시간: 40~50분

목표

자아 재인식, 긍정자원 확인, 목표와 비전 설계

준비물

화지, 색지, 색연필, 사인펜, 물감, 붓, 연필, 지우개

방법

▼ 들어가기

① 20년 후 내 모습을 상상해 본다.

② 미래의 내가 현재의 나에게 전하고 싶은 메시지를 생각해 본다.

▼ 활동하기

① 미래의 내 모습을 자유롭게 표현한다. 작품 a

② 미래의 내가 현재의 나에게 전하는 편지를 작성한다.

▼ 나누기

① 20년 후의 나는 어떤 모습인가요?

② 미래의 나로서 현재의 나에게 전하고 싶은 메시지는 무엇인가요?

③ 미래의 내가 보낸 편지를 읽고 현재의 나는 어떤 생각이 드나요?

현장에서의 적용

• 미래에서 온 편지는 현재의 불안을 없애는 방법이나 미래로 나아가는 데 필요한 자원과 노력에 대한 단서를 제공할 수 있다. 예를 들어, 미래의 나는 현재의 나에게 긍정적인 마인드셋을 갖추는 방법에 대한 조언을 할 수 있고, 잘하고 있다는 격려도 할 수 있다. 이를 통해 현재의 자아를 재인식하고 긍정자원을 확인할 수 있다.

• 완성한 편지를 자주 읽으며, 현재의 상황을 되돌아보고 목표와 비전을 재확인할 수 있도록 지원한다.

참고하세요!

• 미래에서 온 편지를 코팅하여 보호하거나, 타임캡슐 안에 밀봉하여 보관해 보자. 이를 통해 원래의 메시지와 감정을 오랫동안 안전하게 보호할 수 있다.

작품 a. 미래에서 온 편지/F/13(20년 후의 내 모습)

어려운 가정환경에서 자란 6학년 여학생의 작품으로 미래에서 온 편지와 작품을 통해 진로 장벽이 감소되고 긍정적인 내적 자원이 형성된 변화를 확인할 수 있다. 현재의 어려운 환경은 사방이 어둡고 터널처럼 답답하지만, 결국은 희망의 빛을 따라가면 원하는 것을 이룰 수 있다는 의지를 검정과 노란빛으로 표현하였다. 이후 작성한 편지에는 현재의 부족한 부분(공부, 운동, 수면 등)을 인정하고, 주변 환경이나 방해 요소에 휘둘리지 않고 목표를 이루어 나가기 위한 다짐을 표현하였다.

87

| 회화 | 조소 | 공예 | 판화 | 디자인 | 놀이 | STEAM |

미래의 나

미래에 이루고 싶은 모습을 인물상으로 구체화하여 목표 의식을 형성하고 강화하는 활동이다. 존경하는 인물들의 가치관을 살펴보고, 그들의 성공과 인생의 비전을 통해 미래의 나 자신이 닮고 싶은 모습을 상상해 본다.

대상 및 소요시간

대상: 만 12세 이상, 개인 및 집단
소요시간: 90~120분

목표

목표 의식 및 미래상 형성, 비전 강화

준비물

화지, 점토, 연필, 아크릴 물감, 붓, 팔레트, 점토도구

방법

▼ 들어가기

① 존경하는 인물들에 대한 이야기를 나눈다.

② 점토를 탐색하며 내가 소망하는 삶의 지향점 등에 대해 이야기 나눈다.

▼ 활동하기

① 미래의 나를 상상하며 스케치한다.

② 스케치를 바탕으로 나의 모습을 점토로 제작한다.

③ 점토 작품을 채색하고 감상하며 소감을 나눈다.

▼ 나누기

① 존경하는 인물이 있나요?

② 미래의 나는 어떤 사람인가요?

③ 삶의 지향점을 정할 때 고려하는 가치는 무엇인가요?

④ 완성한 작품의 제목은 무엇인가요?

⑤ 완성된 작품을 보고 느낀 감정이나 생각은 무엇인가요?

⑥ 나의 작품을 통해 표현하고자 하는 메시지가 있나요? 무엇인가요?

현장에서의 적용

• 존경하는 인물이나 원하는 가치관을 함께 공유하고 이에 대한 이야기를 나누는 과정에서는 개인의 관점과 가치관을 존중하는 분위기를 조성한다.

• 작품과 이야기를 통해 나타나는 아동의 감정이나 가치관을 함께 분석하고, 미래의 방향성에 대해 함께 고민하고 조언한다.

참고하세요!

• 1회기 이내에 진행할 경우, 아이클레이와 같이 색상이 선명하고 가공이 용이한 매체를 사용해 보자.

• 점토 모형을 제작할 때는 물을 너무 많이 사용하면 형태 유지가 어려울 수 있으니 주의하도록 한다.

• 수채화 물감으로 채색한 후 니스로 마무리하면 습기에 의한 오염을 방지할 수 있다.

• 건조한 찰흙을 채색할 때 넓은 면적에 스펀지를 이용하여 빠르고 쉽게 완성할 수 있다.

88

| 회화 | 조소 | 공예 | 판화 | 디자인 | 놀이 | STEAM |

드림북

드림북(dream book)은 작품과 사진을 담은 책으로 그동안의 여정과 앞으로의 꿈을 시각적으로 표현하는 활동이다. 이를 통해 아동들은 자신의 꿈과 목표를 생각하고 정리하는 능력을 기르며, 내면의 비전을 발견하고 실현해 나가는 방법을 배우게 된다.

대상 및 소요시간

대상: 만 12세 이상, 개인 및 집단
소요시간: 50~70분

목표

비전 및 내적 동기 강화, 긍정적 미래상 형성

준비물

작품 사진, 크래프트지, 색연필, 사인펜, 송곳, 실. 바늘, 가위, 풀

방법

▼ 들어가기

① 자기이해와 비전 형성을 주제로 한 그동안의 작품들이 담긴 사진을 감상한다.
② 그동안의 여정을 되돌아보며 탐색한다.

▼ 활동하기

① 여러 장의 크래프트지를 겹쳐 반으로 접고, 중앙선에 균일한 간격으로 구멍을 뚫은 후 실로 제본을 한다.
② 제본된 내지에 작품 사진들을 원하는 순서대로 붙여 꾸미고 표지를 완성한다. 작품 a
③ 완성한 드림북을 소개하고, 앞으로 어떻게 활용하고 싶은지 이야기 나눈다.

▼ 나누기

① 그동안 제작한 작품 사진들을 감상하며 어떤 감정과 생각이 드나요?
② 드림북을 통해 느낀 감정이나 생각을 그림이나 글로 표현해 볼까요?
③ 앞으로 드림북을 어떻게 활용할 계획인가요?

현장에서의 적용

• 그동안 제작한 작품 사진 및 자신의 꿈과 관련된 자료들을 준비하여 그동안의 비전 형성 과정을 상기시키고 앞으로의 목표 의식을 고취시킨다.
• 드림북을 만들고 페이지별로 작품 사진을 붙여 가는 과정을 체험하면서, 비전과 목표를 달성하기 위한 꾸준한 노력의 중요성을 인식할 수 있도록 한다.
• 완성한 드림북을 함께 감상하고 서로 이야기를 나누며, 우리의 꿈과 그에 따른 여정을 되새겨 보고 비전에 대한 내적 동기를 높일 수 있도록 돕는다.

참고하세요!

• 1장의 종이를 반으로 접으면 4개의 페이지가 생긴다. 예를 들어, 작품을 붙이는 데 필요한 페이지가 16장이라면 종이 5장을 겹쳐 반으로 접어 보자. 앞뒤 표지를 제외하고 내지는 16개의 페이지가 된다. 활동과정 a

• 라미네이팅 필름이나 비닐시트 등을 사용하여 작품이나 사진에 보호 층을 덧대어 작품의 훼손을 방지하고 보존을 유지할 수 있다.

• 만 12세 이상 아동들은 진로 발달의 중요한 단계인 '능력기'에 진입한다. 이 단계에서 아동의 직업 세계에 대한 흥미가 높아지며, 자신의 능력과 관련된 현실적인 인식이 강화된다. 이로써 자신이 특정 직업을 가지고 싶다는 목표를 가질 수 있게 되어, 이에 따라 필요한 능력과 조건을 고려하고 자기객관화를 경험하게 된다(김봉환 외, 2013; 임은미 외, 2020).

작품 a. **나의 드림북**

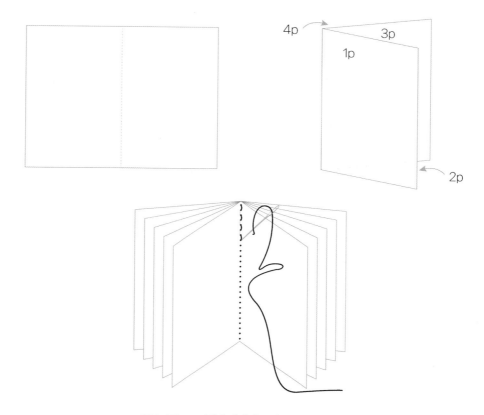

활동과정 a. 드림북 페이지 구성 및 제작 과정

📖 참고문헌

김봉환, 강은희, 강혜영, 공윤정, 김영빈, 김희수, 선혜연, 손은령, 송재홍, 유현실, 이제경, 임은미, 황매향(2013). 진로상담. 서울: 학지사.

임은미, 강성현, 고홍월, 김경은, 김장회, 김희수, 박가열, 손진희, 어윤경, 이형국, 이효남, 최윤정, 최지영, 허은영(2020). 미래사회 진로교육과 상담. 서울: 사회평론아카데미.

Buzan, T. (2018). 마인드맵 마스터(*Mind Map Mastery*). 서현정 역. 서울: 미래의창.

저자 소개

박윤미(Park, Yunmi)

한양대학교 응용미술교육과를 졸업하고, 동 대학원에서 예술치료교육 전공으로 석사학위를, 미술교육 전공으로 박사학위를 취득하였다. 현재 차의과학대학교 미술치료학과 및 미술치료대학원, 일반대학원 의학과 교수로 재직 중이다. 한국미술치료학회 임상미술심리상담전문가(PATR)로 활동하며, 의료ㆍ상담ㆍ교육 기관과 협력하여 미술치료의 실천과 연구를 지속하고 있다. 주요 연구로는 '미술치료교육 및 언어 융합형 아동 발달 지원 프레임워크 개발' '특수초등 미술과 국정도서 개발' '과학예술 융합형 인재교육(STEAM) 프로그램 개발' 등이 있으며, '치매 예방을 위한 문화예술치유 프로그램 개발 및 운영' '서울시립 미술 아카이브 시니어 교육 프로그램 개발 및 운영' '경북재난트라우마센터의 효율적 운영 방안 연구' 등 다양한 사회공헌 프로젝트에도 참여하고 있다.

이메일: pym@cha.ac.kr

윤라미(Yoon, Rami)

차의과학대학교 미술치료대학원과 일반대학원에서 임상미술치료 전공으로 석사 및 박사학위를 취득하였다. 현재 온다 미술치료 연구소 소장이며, 남양주 아동발달센터에서 미술치료사로 활동하고 있다. 초등학교 위(Wee) 클래스, 특수학교, 지역아동센터 등에서 아동 미술치료 프로그램을 운영했으며, 광주 세브란스 정신건강병원, 용인 세브란스 뇌신경센터, 차병원 암센터, 한림대학교 성심병원 정신건강의학과 등에서 미술치료를 진행해 왔다. 미술치료가 개인의 성장과 치유에 긍정적인 영향을 미친다는 확신을 바탕으로 활발히 활동 중이며, 차의과학대학교와 성공회대학교에서 미술치료학과 및 교양학부 강의를 맡고 있다. 저서로는 『미술치료 일지기록』이 있다.

이메일: redram23@naver.com

발달과 성장을 돕는 실천적 접근
아동 미술치료기법
Child Art Therapy Techniques
Practical Approaches to Development and Growth

2025년 3월 10일 1판 1쇄 인쇄
2025년 3월 20일 1판 1쇄 발행

지은이 • 박윤미 · 윤라미
펴낸이 • 김진환
펴낸곳 • ㈜ 학지사

04031 서울특별시 마포구 양화로 15길 20 마인드월드빌딩
대표전화 • 02-330-5114   팩스 • 02-324-2345
등록번호 • 제313-2006-000265호

홈페이지 • http://www.hakjisa.co.kr
인스타그램 • https://www.instagram.com/hakjisabook

ISBN 978-89-997-3361-1 93180

정가 24,000원

출판미디어기업 **학지사**

간호보건의학출판 **학지사메디컬** www.hakjisamd.co.kr
심리검사연구소 **인싸이트** www.inpsyt.co.kr
학술논문서비스 **뉴논문** www.newnonmun.com
교육연수원 **카운피아** www.counpia.com
대학교재전자책플랫폼 **캠퍼스북** www.campusbook.co.kr